40 points de vue (littéraires) sur…

La SEINE

Emma et Julie ANDERS

COLLECTION

« 40 POINTS DE VUE *LITTÉRAIRES* SUR… »

Parus :

La Tour Eiffel
Sarah Bernhardt

À paraître :

Catacombes et souterrains
La Lune
Les Martiens
Versailles
Les Fantômes
Chats noirs ou blancs
Les Sorcières

Cette collection a pour ambition de fournir au lecteur un ensemble de textes (quarante, accompagnés de nombreuses illustrations) permettant d'envisager un thème sous les angles les plus variés et de manière chronologique, sans commentaires alourdissant la lecture. La finalité en est de procurer aux amateurs comme aux spécialistes une anthologie des textes essentiels, mais aussi originaux, sur une notion donnée. Nous proscrivons les préfaces interminables et les notes en bas de page, ce qui n'empêche pas nos morceaux choisis d'être rigoureusement sélectionnés et cités. Le plaisir du texte et de l'image avant tout…

Or ce beau fleuve de la Seine, comme je m'asseure, madame, vous aurez bien ouy dire, sert de fossé à ceste belle ville, la ceignant de ses deux bras et en faisant une isle et delectable et forte, et d'autant qu'il ne ronge ny ne devore pas ses bords comme Loire, mais coule paisiblement parmy ceste grande plaine, qu'il arrose par cent et cent divers destours : son rivage est presque tousjours tapissé de belles et diverses fleurs, et peuplé de plusieurs sortes de beaux arbres qui le couvrent au plus chaud de l'esté d'un frais et agreable ombrage.

Honoré d'Urfé, *L'Astrée*, 1619

TABLE DES MATIÈRES

1. PIERRE DE MARBEUF

(Quand les eaux de la Seine éteignent les brasiers amoureux…),

1628.

Ô que j'aime les eaux, laissez-moi les rivages,
Ô beaux rivages verts :
Belle Seine, beaux prés, petits monts, bois sauvages,
Je vous donne mes vers.

Ô vers qui m'échappez sur le bord de la Seine,
Allez, suivez son cours,
Et dites aux Zéphyrs que je vous fais sans peine,
Et non point sans amours.

[…]

Maintenant que l'amour, achevant son dessein
De me rendre amoureux, a mis dedans mon sein
Et sa flamme & sa flèche :
Seine n'approchez plus si près de mon séjour,
Hélas je crains pour vous que le feu d'un amour
Trop chaud ne vous assèche.

Et vous chères forêts dont je suis trop prochain,
Pourrez-vous point trouver quelque fatale main
Qui de moi vous recule :
Avecque mes soupirs j'exhale tant de feux,
Que je n'ose éventer ce brasier amoureux
De peur qu'il ne vous brûle.

Ô Seine bien plutôt approchez-vous de moi ;
Puisque cette volage a méprisé ma foi,
Mon amour & mon âme :
Appelez avec vous tous vos petits ruisseaux,
Grossissez votre cours, versez sur moi vos eaux,
Pour éteindre ma flamme.

[…]

Si le Loire a souffert nos brasiers amoureux,
Cruelle, voudrais-tu pour éteindre leurs feux,
Aller prendre de l'eau dans le fleuve de Seine ?

2. SAINT-AMANT

UNE CRUE DE LA SEINE

« La Seine extravagante », 1658

Donc la Seine, en ses grands accès,
Est fâcheuse et hors d'elle-mesme ;
Donc ses désordres, ses excès,
Font devenir le monde blesme.
J'en ay le cœur fort affligé ;
Toutesfois je suis obligé
D'en excuser une partie :
Elle ayme tant mon entretien
Que de son lit elle est sortie
Pour me venir voir jusqu'au mien.

La voilà grosse de cent ponts
Qu'elle a tous réduits à non-estre ;
La voilà, haute jusqu'aux monts,
Qui veut entrer par ma fenestre.
Nymphe, je ne veux plus de toy :
Cajoler n'est plus mon employ ;
Tu n'es plus qu'une débordée,
Ton bruit ne m'est que trop connu,
Et ta présence mal guidée

S'abandonne au premier venu.

[...]

On ne voit plus d'arbres debout
Dans toutes les plaines voisines :
Ta rage a déraciné tout,
Jusqu'à ces isles tes cousines ;
Elles ne tiennent presqu'à rien.
Quiconque y marchoit sur le sien
Peut bien chanter :
Adieu mes rentes !
Et, si tu fais ce que tu dis,
Nous verrons des isles errantes
Comme la Grece en vit jadis.

Mais, hélas ! on n'en sçauroit voir :
Tu les as toutes englouties.
On n'yra plus, vers le beau soir,
Pour y jouer tant de parties.
Ce ne seront plus, aux mois doux,
De favorables rendez-vous
Où l'on se coigne sans querelle,
Et je sçay, par des yeux certains,
Que la pauvre Isle Maquerelle
N'en servira plus aux putains.

[...]

Raconte-moy d'autres nouvelles.
Qu'est devenu, dans cet assaut,
Le beau lieu si cher à nos belles ?
On m'a mandé qu'avec grand bruit
Tu t'y promènes jour et nuit,
Dont toute la ville est troublée.
Certes, j'en suis mal satisfait,
Et c'est estre bien endiablée

D'aller au Cours du temps qu'il fait.

Tes eaux ont-elles respecté
Ces miracles de monopole,
Ces palais dont la vanité
Estonne l'un et l'autre pole ?
As-tu fait grace aux fondemens
De tous ces autres bastimens
Qui font admirer leur structure ?
As-tu pris soin de ces clochers
Où l'on mit l'art sur la nature
Et les forests sous les rochers ?

Ces vieux soustiens, ces pilotis
Qui vont au centre de la terre,
Ne se sont-ils point démentis
Sous ces hautes masses de pierre ?
Voit-on encore en bon estat
Ce pont où le grand potentat
Semble respirer dans le cuivre,
Ce pont où ce feu demy-dieu,
Quoy qu'à cheval, se laisse suivre,
Sans qu'à pié l'on bouge d'un lieu ?

Tes flots esmus n'ont-ils pas craint
D'estre mauvais, d'estre nuisibles,
À ceux de qui le nom est saint
Et les protecteurs invisibles ?
Je ne dis rien du pont de bois
Que l'on nommoit Rouge autresfois,
Et dont à peine on voit un reste :
O sort bizarre ! ô sort nouveau !
Ce pont, sous un bonheur funeste,
S'est par le feu sauvé de l'eau.

Quoy ! tu te plais en nos malheurs !
Tu fais l'insensible à nos plaintes !
Et cependant de nos douleurs
Tes roches mesmes sont atteintes.

Déjà tes flots sont tout couvers
De corps qui vaguent à l'envers ;
On ne voit que troubles, qu'alarmes.
Cruelle, tu me fais transir ;
Je n'ose répandre de larmes,
De peur d'ayder à te grossir.

[...]

Tu dois toy-mesme te juger
Assez vieille pour estre sage.
Permets qu'on trouve en ce danger
Un seur et commode passage ;
Tire-nous des avares mains
De ces bateliers inhumains
Contre qui la bourse s'irrite ;
Enfin donc, Seine, entens ma voix,
Ou je te feray plus petite
Qu'on n'a fait le Tybre autresfois.

LA CHUTE DU PONT MARIE EN 1658

3. CORNEILLE et ses contemporains
SUR LA POMPE DU PONT NOTRE-DAME

construite autour de 1670

Vers que Santeüil a faits pour la Pompe
du Pont Notre-Dame.

Sequana cum primum reginæ allabitur urbi,
  Tardat præcipites ambitiosa aquas
Captus amore loci cursum obliviscetur anceps
  Quà fluat, & dulces nectis in urbe moras
Hinc varios implens flactu subeunte canades
  Eóns fieri gaudet, qui modo flumen erat.

Vers latins de **Jean-Baptiste Santeuil** (1630-1697),

Traduction libre par **Pierre Corneille** :

Que le Dieu de la Seine a d'amour pour Paris,
Dès qu'il en peut baiser les rivages chéris,
De ses flots suspendus, la descente plus douce
Laisse douter aux yeux s'il avance ou rebrousse,
Lui-même à son canal il dérobe ses eaux,
Qu'il y fait rejaillir par de secrètes veines,
Et le plaisir qu'il prend à voir des lieux si beaux,
De grand fleuve, qu'il est, le transforme en fontaine.

Imitation des Vers latins par P. Corneille.

Que le Dieu de la Seine a d'amour pour Paris,
Dès qu'il en peut baiser les rivages chéris,
De ses flots suspendus, la décente plus douce
Laisse douter aux yeux s'il avance ou rebrousse,
Lui-même à son canal il dérobe ses eaux,
Qu'il y fait rejaillir par des secretes veines,
Et le plaisir qu'il prend à voir des lieux si beaux
De grand fleuve, qu'il est, le transforme en fontaine.

Adaptation de Charles Du Périer :

Autre Traduction par M. Duperier.

C'est la Seine qui parle.

Éprise d'un lieu si charmant
Je coule bien plus lentement,
Je m'arrête par tout, & mon onde incertaine
Semble même oublier son cours :
A voir ces longs canaux, où je coule sans peine
On diroit qu'avec joye après mille détours,
De fleuve que j'étois, je me change en fontaine.

C'est la Seine qui parle.

Éprise d'un lieu si charmant
Je coule bien plus lentement,
Je m'arrête partout, et mon onde incertaine
Semble même oublier son cours :
A voir ces longs canaux, où je coule sans peine,
On dirait qu'avec joie après mille détours,
De fleuve que j'étais, je me change en fontaine.

Adaptation de François Charpentier

Aussitôt que la Seine en sa course tranquille,
Joint les superbes murs de la royale ville,
Pour ces lieux fortunés, elle brûle d'amour,
Elle arrête ses flots, elle avance avec peine,
Et par mille canaux, se transforme en fontaine,
Pour ne sortir jamais d'un si charmant séjour.

4. BERNARDIN DE SAINT-PIERRE
« LES GAULES »

Jacques-Bernardin-Henri de Saint-Pierre,
L'Arcadie, livre I, « Les Gaules », 1781.

La nuit s'approchait ; le vent soufflait de l'occident, et l'horizon était chargé. Céphas dit au pilote :

« Je vous conseille de ne point entrer dans le fleuve ; mais plutôt de jeter l'ancre dans ce port aimé d'Amphitrite que vous voyez sur la gauche. Voici ce que j'ai ouï raconter à ce sujet à nos anciens :

La Seine, fille de Bacchus et nymphe de Cérès, avait suivi dans les Gaules la déesse des blés, lorsqu'elle cherchait sa fille Proserpine par toute la terre. Quand Cérès eut mis fin à ses courses, la Seine la pria de lui donner, en récompense de ses services, ces prairies que vous voyez là-bas. La déesse y consentit, et accorda de plus à la fille de Bacchus de faire croître des blés partout où elle porterait ses pas. Elle laissa donc la Seine sur ces rivages, et lui donna pour compagne et pour suivante la nymphe Héva, qui devait veiller près d'elle, de peur qu'elle ne fût enlevée par quelque dieu de la mer, comme sa fille Proserpine l'avait été par celui des enfers. Un jour que la Seine s'amusait à courir sur ces sables en cherchant des coquilles, et qu'elle fuyait, en jetant de grands cris, devant les flots de la mer qui quelquefois lui mouillaient la plante des pieds, et quelquefois l'atteignaient jusqu'aux genoux, Héva sa compagne aperçut sous les ondes les cheveux blancs, le visage empourpré et la robe bleue de Neptune. Ce dieu venait des Orcades après un grand tremblement de terre, et il parcourait les rivages de l'Océan, examinant, avec son trident, si leurs fondements n'avaient point été ébranlés. À sa vue, Héva jeta un grand cri, et avertit la Seine, qui s'enfuit aussitôt vers les prairies. Mais le dieu des mers avait aperçu la nymphe de Cérès, et, touché de sa bonne grâce et de sa légèreté, il poussa sur le rivage ses chevaux marins après elle. Déjà il était près de l'atteindre, lorsqu'elle invoqua Bacchus son père et Cérès sa maîtresse. L'un et l'autre l'exaucèrent : dans le temps que Neptune tendait les bras pour la saisir, tout le corps de la Seine se fondit en eau ; son voile et ses vêtements verts, que les vents poussaient devant elle, devinrent des flots couleur d'émeraude ; elle fut changée en un fleuve de cette couleur, qui se plaît encore à parcourir les lieux qu'elle a aimés étant nymphe. Ce qu'il y a de plus remarquable, c'est que Neptune, malgré sa métamorphose, n'a cessé d'en être amoureux, comme on dit que le fleuve Alphée l'est encore en Sicile de la fontaine Aréthuse. Mais si le dieu des mers a conservé son amour pour la Seine, la Seine garde encore son aversion pour lui. Deux fois par jour, il la poursuit avec de grands mugissements, et chaque fois la Seine s'enfuit dans les prairies en remontant vers sa source, contre le cours naturel des fleuves. En tout temps, elle sépare ses eaux vertes des eaux azurées de Neptune.

Héva mourut du regret de la perte de sa maîtresse. Mais les Néréides, pour la récompenser de sa fidélité, lui élevèrent sur le rivage un tombeau de pierres blanches et noires, qu'on aperçoit de fort loin. Par un art céleste, elles y enfermèrent même un écho, afin qu'Héva, après sa mort, prévint par l'ouïe et par la vue les marins des dangers de la terre, comme, pendant sa vie, elle avait averti la nymphe de Cérès des dangers de la mer. Vous voyez d'ici son tombeau. C'est cette montagne escarpée, formée de couches funèbres de pierres blanches et noires. Elle porte toujours le nom de Héva (1). Vous voyez, à ces amas de cailloux dont sa base est couverte, les efforts de Neptune irrité pour en ronger les fondements ; et vous pouvez entendre d'ici les mugissements de la montagne qui avertit les gens de mer de prendre garde à eux. Pour Amphitrite, touchée du malheur de la Seine, elle pria les Néréides de creuser cette petite baie que vous voyez sur votre gauche, à l'embouchure du fleuve ; et elle voulut qu'elle fût en tout temps un havre assuré contre les fureurs de son époux. Entrez-y donc maintenant, si vous m'en croyez, pendant qu'il fait jour. Je puis vous certifier que j'ai vu souvent le dieu des mers poursuivre la Seine avant dans les campagnes, et renverser tout ce qui se rencontrait sur son passage. Gardez-vous donc de vous trouver sur le chemin de ce dieu.

(1) Il y a en effet, à l'embouchure de la Seine, sur la rive gauche, une montagne formée de couches de pierres noires et blanches, qui s'appelle la Hève. (*Note de l'auteur.*)

5. LOUIS-SÉBASTIEN MERCIER
« Eau de la Seine clarifiée »

Tableau de Paris, 1783.

Eau de la Seine clarifiée.

De quoi ne fait-on pas marchandise dans cette ville extraordinaire ! Une compagnie se forme pour nous vendre l'eau de la Seine. La compagnie en fait une espèce de liqueur dont elle vante la dépuration, à l'aide de trente mille imprimés qu'elle distribue. Elle s'étaie des décrets de la faculté de médecine & des certificats de l'académie des sciences ; il ne manque plus que des lettres-patentes.

Elle établit des inspecteurs, des charretiers distributeurs de l'eau unique, un bureau, des commis. De quoi ne s'avise-t-on pas pour faire de l'argent dans ce séjour magique, puisqu'on nous y vend l'eau de la Seine avec toute la pompe & l'éclat d'une merveilleuse entreprise !

Que prouve cet établissement ? Que l'eau de la Seine est bourbeuse les trois quarts de l'année ; & que, malgré tout l'étalage de la régie, ses bureaux & ses inspecteurs, il faut épurer chez soi l'eau de la Seine, si l'on veut la boire légère & salubre.

On buvait l'eau il y a vingt ans sans y faire beaucoup d'attention ; mais depuis que la *famille des gaz, la race des acides & des sels* ont paru sur l'horizon immédiatement après les *pantins* & les *silhouettes*, on a réfléchi sur les annonces des chimistes ; on s'est aperçu que tous les ruisseaux & les égouts souterrains allaient droit à la rivière : alors on s'est armé de toutes parts contre le *méphytisme*. Ce mot nouveau a retenti comme un tocsin formidable ; on a vu partout des gaz mal-faisans, & les nerfs olfactoires sont devenus d'une sensibilité surprenante.

Cela prête à la plaisanterie ; d'accord : mais il n'y a rien de plus réel que notre ignorance sur les qualités nuisibles ou salutaires des corps que nous avalons ou respirons. On reste confondu de surprise & d'étonnement, quand on voit les nouvelles expériences de la chimie sur les décompositions de l'air.

On a donc commencé par analyser l'eau ; & l'on réfléchit aujourd'hui quand on en boit un verre, ce que ne faisaient pas nos ancêtres insoucians.

6. PAUL THIÉBAULT
PATINER SUR LA SEINE, NAGER DANS LA SEINE, À LA VEILLE DE LA RÉVOLUTION

Mémoires du Général Baron Thiébault, I, 1769-1795

« Patinage sur la Seine »

L'année 1789 commença par un froid très rigoureux. La Seine prit dans tout son cours, et resta prise longtemps. Il est dans la nature de l'homme de chercher son plaisir même dans la cause de ses souffrances, et tout Paris se mit à patiner. Depuis 1783 je n'avais pas eu le plaisir de pratiquer cet exercice ; cependant, comme j'avais été assez habile, je me remis fort vite. Le grand bassin des Tuileries servit à mes premiers essais ; mais, Saint-Georges ayant été chargé par le duc d'Orléans de faire nettoyer sur la Seine un vaste espace à la hauteur du Point-du-Jour et de plus une route pour y aller depuis la place Louis XV, une société aussi nombreuse que brillante s'y rendit journellement. Le local avait en effet un immense avantage sur tous les autres : il était gardé par des gendarmes ; on n'y entrait qu'avec des billets, que Saint-Georges délivrait, et on y était d'autant plus agréablement que dans cet espace, balayé avec beaucoup de soin, la glace était unie comme un miroir. Depuis une heure de l'après-midi jusqu'à quatre, on y trouvait ce que Paris avait de plus élégant : quatre cents calèches à deux, quatre ou six chevaux ; une foule de traîneaux y conduisaient plus de mille femmes charmantes. Beaucoup d'hommes s'y rendaient également, soit avec ces dames, soit en cabriolet, et tout cela prenait depuis la place Louis XV le chemin frayé sur la Seine ; enfin le plus grand nombre des hommes et presque tous ceux qui savaient patiner faisaient ce trajet sur la glace et, sans se gêner, allaient plus vite et bien plus agréablement que ceux qui étaient dans les voitures les mieux attelées.

On conçoit avec quelle ardeur je profitai de ces arrangements. Cette réunion, le luxe des équipages, celui des costumes, car les patineurs en avaient adopté de charmants, tout ce spectacle enfin, et de plus l'émulation qui résultait de la présence des plus forts patineurs que j'aie vus de ma vie et que j'étais si étonné de trouver à Paris, tout cela était bien fait pour m'attirer.

[...]

« Bains froids et pleine eau »

En remontant le cours de la Seine, depuis le Point-du-Jour à la pointe de l'île Saint-Louis, je me trouve à l'endroit où était établie alors l'école de natation. Si utile par elle-même, la natation fut jugée devoir l'être à ma santé ; mais ce qui me décida à solliciter de mes parents la permission d'apprendre à nager fut l'exemple de Salafou, qui allait à cette école. Je commençai en 1788, assez tard à la vérité, mais assez tôt pour savoir passablement nager avant la fin de la saison. Ma première leçon consista, comme pour tout le monde, à faire, suspendu en l'air, la répétition des mouvements et à faire dans l'eau, avec la sangle, trois trajets de la moitié de la longueur de l'école. [...]

Je quittai l'école, certain que je savais nager, et, le lendemain, plein de confiance, je me jetai à l'eau sans sangle. Je m'enfonçai, je bus, ma tête se perdit, et je revins seulement à moi sur le pont, où m'avaient déposé les maîtres qui m'avaient repêché.

Cette mésaventure ne ralentit pas mon ardeur. Tous les matins, à six heures, j'arrivais de la place Louis XV à l'école de natation, et j'y restais jusqu'à dix heures. Il est vrai qu'on y était en très bonne compagnie, et qu'on s'y amusait extrêmement. Nous allions même en pleine eau. Depuis le Jardin du Roi jusqu'à la place Louis XV, nous faisions en nageant le trajet de la Seine, suivis par un bateau que montaient un ou deux maîtres et qui était chargé de nos habits ; nous faisions des déjeuners charmants, composés de petits pâtés, de gâteaux et de petits verres de liqueur, disposés sur des fonds de tonneaux que l'on mettait à flot, et autour desquels nous nagions en attrapant ce que nous pouvions.

7. CHARLES NODIER
EN SUIVANT LE COURS DE LA SEINE

La Seine et ses bords, 1836.

La SEINE ! le fleuve roi de la reine des cités, le fleuve français qui n'a pas appuyé son urne sur une terre étrangère, comme le Rhône et comme le Rhin ; qui ne va pas en transfuge enrichir nos voisins du trésor de ses eaux, comme l'Escaut et comme la Meuse ; qui descend de nos montagnes et se perd dans notre Océan, sans avoir fécondé d'autres plaines, sans avoir baigné d'autres villes, sans avoir miré d'autre ciel !

Que manque-t-il à sa beauté ? La nature végétale a prodigué sur ses rives fleuries toutes les richesses de sa corbeille ; il a visité en passant les plaines riantes de la Bourgogne ; il a bercé sur son cristal fidèle le front doré de ses coteaux chargés de pampres ; il s'est enorgueilli sous la pompe royale des vieux marronniers des Tuileries. Vous le verrez, plus loin, suspendre comme à dessein la rapidité de ses flots pour rafraîchir de vapeurs salutaires les magnifiques ombrages qui séparent le berceau de Louis XIV de celui de saint Louis. Le voilà bientôt qui enveloppe Mantes comme une ceinture ; ou qui se déroule comme un ruban sous les agrestes collines de Vernon. Cette ville aux flancs boisés, aux frais boulevards, au vaste port, c'est Rouen, le Paris du vieux Rollon. La SEINE fléchit pour la première fois sous le poids des vaisseaux. Elle s'enfle d'orgueil, elle accélère sa course, elle est impatiente de sentir les eaux de la mer se confondre avec les siennes. Rien ne peut la retenir, ni les jardins délicieux de la Meilleraie, ni les ruines pittoresques de Tancarville, ni les doux paysages aux frondes verdoyantes qui se pressent sur ses bords. Elle a entendu la grande voix du flux qui l'appelle et qui la repousse. Elle s'élance, elle bondit, elle lutte, elle triomphe, elle se perd dans le reflux qui l'emporte. Tel est l'aspect sous lequel la SEINE se présente à la poésie, spectacle toujours nouveau, toujours di- vers, qui se modifie pour s'embellir à tous les détours du fleuve, et qui réunit toutes les grâces à toutes les magnificences [...].

Depuis le commencement du siècle dernier, on avait commencé plusieurs fois la construction du quai d'Orsay ; de magnifiques hôtels s'étaient alignés sur cette partie des rives de la SEINE, dans l'attente de sa prochaine exécution. Cependant, en 1801, ce n'était encore qu'une berge fangeuse appelée la Grenouillère, et coupée par des tranchées d'égoûts découverts qu'il fallait traverser sur des planches glissantes, fragiles et mal assises ; çà et là, quelques auberges y attiraient les promeneurs aux jours de fête, malgré leurs abords dangereux. C'est aujourd'hui un des plus beaux quais de la capitale, par ses dimensions bien proportionnées et par la ligne de beaux édifices qui s'étend depuis l'hôtel des Gardes du Corps jusqu'à l'esplanade des Invalides et à l'École-Militaire.

En entrant dans Paris, la SEINE s'est déchargée dans la grande gare, d'une partie des nombreux et pesants fardeaux que le commerce lui confie ; au sortir de la capitale, elle va, dans la gare de Grenelle, chercher d'autres richesses pour les entraîner avec elle dans son cours. La construction récente de cette gare ne l'a pas empêchée d'être brisée par les glaçons, en 1829 ; elle a été restaurée, et au moyen de l'Ile-aux- Cygnes, on a construit un pont pour communiquer de la plaine de Grenelle aux villages de Passy et d'Auteuil, situés tous deux sur une éminence entre Chaillot, le bois de Boulogne et la route de Versailles qui longe la Seine ; ils renferment un grand nombre de maisons de campagne, dont quelques-unes rappellent d'illustres souvenirs : Boileau, Helvétius, Franklin les habitèrent ; Lafontaine, Molière, Racine et d'Aguesseau venaient s'y délasser.

Le fleuve passe ensuite à Issy, situé sur une colline peu distante de la rive gauche, et dont les délicieuses maisons de campagne possèdent des jardins bien dessinés et arrosés par des eaux limpides.

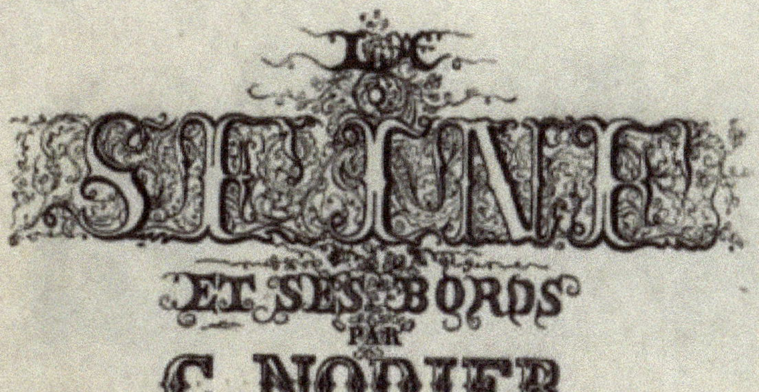

LE
SEINE
ET SES BORDS
PAR
C. NODIER.
VIGNETTES PAR MARVILLE ET FOUSSEREAU.
Publiés
PAR M. A. MURE DE PELANNE.

8. EUGÈNE BRIFFAULT
LES HABITUDES DES SÉQUANIENS…

Les mœurs de rivière, aux bords de la Seine, sont saillantes, comme les mœurs de mer sont vivaces sur le rivage breton ; l'enfant de la Seine est *rivoyeur*, comme l'autre est *matelot*. Il y a assurément des fleuves plus majestueux et plus magnifiques que le nôtre ; mais il n'en est pas qui ait un caractère local plus fortement empreint que celui de la Seine. La Tamise, cette fille aînée de la mer, appartient au monde entier, la Seine est parisienne.

Les habitudes des Séquaniens ont une couleur qui les distingue de tout le reste de la gent aquatique ; ils ne sont point confondus avec la tourbe des marins d'eau douce. Ils ont eu leurs peintres et leurs poètes ; on a chanté leur esprit toujours si prompt ; on a fait de leurs allures un type aimé et recherché ; leur langue elle-même forme un vocabulaire à part. La population des ports de Paris n'a pas perdu toutes les traditions qui avaient élevé si haut sa renommée de gaieté et de franchise, que la chanson et le théâtre ont tant célébrée ; elle a cédé au progrès ce qu'elle ne pouvait pas lui disputer ; mais elle ne s'est pas laissé entraîner par le torrent ; on la retrouve encore debout sur les berges du fleuve, sa richesse et ses amours.

[…]

Le pêcheur parisien connaît le fleuve dans tous ses contours ; il sait tous ses degrés de profondeur, et personne plus que lui n'est adroit et vigilant à prévoir et à deviner tout ce qui peut assurer sa capture. La Seine fournit beaucoup de poissons et de bon poisson. Ce n'est pas tout : sur les rives de cet heureux fleuve, l'art sait rehausser le prix de ses trésors ; les matelotes et les fritures des Séquaniens ont fait l'admiration des plus célèbres gourmands. *Les Classiques de la Table*, ce livre dont le goût, l'esprit et la succulente intelligence font autorité ; ce livre qui a réuni en un corps de doctrine tout ce que le vrai boire et le vrai manger ont de vérités agréables et utiles, salutaires et friandes, a parlé du poisson de la Seine ; c'est un brevet de supériorité.

Grimod de la Reynière et de Cussy, ces deux maîtres en l'art de vivre, sont d'accord pour s'écrier : « La carpe de la Seine est excellente. Les braves gens qui jeûnent en carême le savent bien. »

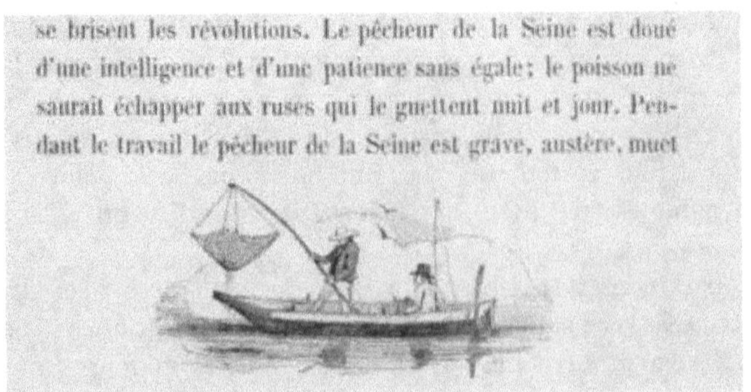

9. CHAMPFLEURY

Jules-François-Félix Husson, dit Champfleury,
Chien-Caillou, 1847.

La Morgue

À M. Wallon

Un bâtiment bourgeois et carré qui baigne ses pieds dans la Seine, – voilà la Morgue au dehors.

Huit lits de pierre, huit cavaliers dessus, voilà la Morgue au dedans.

La Morgue aime la Seine, car la Seine lui fournit des épaves humaines. Ce qu'elles consomment à elles deux, ces terribles recéleuses, on l'ignore ; mais le nombre en est grand.

Elles ne tiennent pas à avoir des amants beaux et coquets, roses et blonds. Ouich ! elles veulent la quantité.

Aussi la Morgue s'entend-elle avec la Seine pour défigurer les hommes, afin de les garder le plus longtemps possible.

Ce n'est pas dans Paris que la Seine est une gaie rivière, et il faut marcher loin pour retrouver les *bords fleuris* de Mme Deshoulières.

La Seine de Paris est une rivière fétide, verte l'été, jaune l'hiver, obscure comme une chambre noire.

Quand la Seine empoigne un homme, elle vous le prend au collet comme un sergent de ville et l'emmène dans son lit. Les matelas de ce lit sont rembourrés de tessons de bouteilles, de bottes moisies, de clous rouillés, de chiens et de chats sans poils, enfin la quintessence des immondices de Paris, la ville aux immondices.

La Seine est capricieuse comme une femme ; elle a des fantaisies. Elle garde son nouvel amant quelquefois un jour, quelquefois une semaine, quelquefois un mois, selon que le cavalier lui plaît. Puis, fatiguée, elle le lâche en le parant de ses couleurs. Il revient vert ou jaune.

Alors la Morgue ouvre ses grands bras et s'empare des restes de la Seine. Elle commence par ôter au cavalier ses habits qui pleurent.

Elle l'étend sur un lit de pierre après l'avoir bien nettoyé, bien lavé, bien *ficelé*, disent quelques-uns.

Et tous les jours la Morgue ouvre ses portes au public. Elle ne craint pas, l'impudique, d'accuser le nombre de ses amants.

La foule, gourmande d'émotions, y court ; surtout les femmes. Par hasard j'entrai un jour. Sur un lit était étendu un vieillard que la Seine avait teinté de rose. Les cheveux étaient blancs, rares et hérissés. Sur la poitrine se dressaient quelques poils, blancs et rares aussi. Le ventre était gonflé sous le masque de cuir, – qui est la feuille de vigne de la Morgue.

Parmi les curieux se trouvait une femme portant dans ses bras un enfant. La femme aurait voulu avoir dix yeux pour voir. L'enfant sommeillait. – Eh ! petit, dit la mère en montrant du doigt le vieillard plus terrible que la plus terrible toile espagnole, regarde donc, vois-tu le *beau monsieur* ?

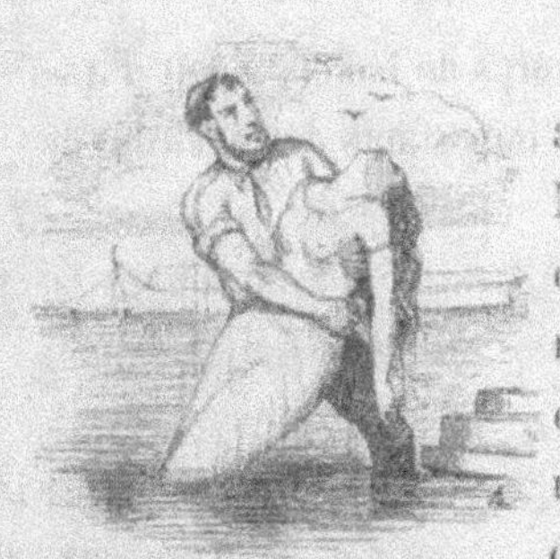

Le fleuve a ses drames où vont aboutir tant d'autres drames ; la Morgue est là pour l'attester. Dans ces circonstances sinistres rien n'égale le zèle et le dévouement des Séquaniens ; c'est pour eux une tradition d'humanité ; la prime de secours n'est pas refusée, mais elle n'est pas le mobile de ces actes généreux : la probité, la charité et le courage se manifestent dans toutes les classes qui ont gardé le type primitif ; à la Halle et sur la Seine, rien ne les a affaiblis.

10.   ROGER DE BEAUVOIR
La Seine a la mode

« Clotilde la danseuse »,
Aventurières et Courtisanes, 1856.

Les bords de la Seine sont le Longchamp du jour, il faut bien le reconnaître ; les bateaux à vapeur secouent dix fois par jour leur panache de fumée sur ses belles rives, et pourtant ces rives sont toujours vertes et fraîches, les Naïades et les ondines s'y jouent entre les roseaux ; elles ressemblent à ces timides nymphes de Lovône donc parle madame de Simiane, on les agace trop pour qu'elles ne deviennent pas bientôt des filles perdues. Tantôt ce sera quelque pêcheur émérite du vieux Marais qui leur jettera l'hameçon du bord de Petit-Bourg ou de Villeneuve-Saint-Georges, tantôt quelque dramaturge leur dira des vers, assis à la proue du bateau à vapeur, comme on représente Amphion avec sa lyre, sur l'échine de son dauphin merveilleux. Les nymphes de la Seine sont très-évidemment perverties ; on leur jette du pain, des journaux, du madère sec et des drames. On les rendra gloutonnes et littéraires à la fois, elles avaleront Chevet et Dumas d'un seul coup.

Voilà donc la Seine remise à la mode pour cet été, la mer de Dieppe n'arrive qu'en second ; c'est toujours la même vague et le même galet insupportable, Dieppe c'est le Frascati véritable des vieux baigneurs ; ils vont y chercher des émotions pour leurs vieilles fibres, y jouer à la rouge ou à la noire, suivant le soleil ou l'orage ; mais Dieppe, sans la mer, n'est rien, tandis que les villages délicieux qui bordent la Seine seraient déjà une charmante chose sans son ruban aquatique. Vous avez d'abord Montereau, sur lequel Dumas a écrit d'excellentes pages, le village d'Avon et les pressoirs du Roi, l'abbaye de Barbeau, Moret, Nemours, et enfin ce magnifique Fontainebleau, dont le seul frère en ces beaux lieux est, à coup sûr, le château de Fouquet, non loin de Melun. [...]

Aussi chaque jour, sur cette même Seine, apparaissent-ils chargés comme des bricks de guerre, ces salons flottants nommés bateaux à vapeur. Gracieusement couchée au milieu de ses villas, de ses bourgs et de ses campagnes, la Seine repose constamment vos yeux dans ce fantastique voyage.

11. THEOPHILE GAUTIER
À propos des tableaux de bords de Seine
de François-Louis Français

Abécédaire du Salon de 1861.

FRANÇAIS. — Si jamais nom s'est ajusté avec précision à la personne qu'il désigne, c'est assurément celui de Français. Ce charmant artiste n'a-t-il pas un talent tout français, plus que français, parisien ? Cela semble bizarre pour un paysagiste, et cependant, sans porter plus loin que Bougival ou Meudon son parasol et sa boîte à couleurs, M. Français a trouvé moyen de faire des chefs-d'œuvre de grâce, d'élégance et d'esprit. — Ce n'est pas qu'il ne soit capable comme un autre d'affronter l'azur, le soleil et le style italiens ; les vues du port de Gênes, du lac Némi et de la campagne de Rome l'ont suffisamment prouvé ; mais si, sur la rive du Tibre, il a des rivaux, sur les bords de la Seine il n'en rencontre pas. Cette nature est à lui ; il la domine en maître, il en dégage, sans mensonge, des beautés que les autres n'y savent pas voir. […]

Son exposition de cette année est une des meilleures que nous ayons vues depuis longtemps ; aussi ne s'est-il pas écarté de sa chère banlieue parisienne.

Quoi de plus charmant que *la Vue prise au Bas-Meudon* ? La Seine coule et miroite, rayée de brusques égratignures, entre des rives diffuses bordées de saules, de peupliers, d'arbres vulgaires ; au fond s'ébauche, dans un poudroiement grisâtre, un coteau boisé, et les maisons du Bas-Meudon, assises au pied de la colline, mêlent leurs fumées à la brume lumineuse. Par-dessus tout cela s'étend un ciel qui n'est ni indigo, ni orange, un ciel vraiment français, léger, vague, transparent, traversé de nuages et de rayons, comme il s'en fait et défait sans cesse au-dessus de nos têtes. Sur le devant, un peintre, qui doit être l'artiste lui-même, travaille d'après nature et fait l'esquisse du tableau dont nous rendons compte.

Certes, ce n'est pas un endroit sauvage et romantique que ce Bas-Meudon où il se mange tant de fritures ; mais que d'air, que de fraîcheur, que de limpidité dans cette vue dont la réalité semblerait banale aux dédaigneux, aux exotiques, aux excessifs ! Le soleil brille, l'eau frissonne, le feuillage tremble, et la touche spirituelle du peintre donne de l'élégance à cette nature un peu triviale et bourgeoise, pour ainsi dire.

Le Soir au bord de la Seine contient, tout en restant dans la vérité, plus de style que le tableau précédent. — De grandes masses d'arbres, s'inclinant des berges d'une île, réfléchissent leur verdure dans l'eau verte où leur image flotte comme une forêt submergée. De l'autre côté, la rive s'escarpe et forme comme des zones de terrasses. Une colline à demi noyée dans la vapeur d'or du couchant, tend au fond du tableau son rideau violâtre. — Au sommet, l'aqueduc de Marly, dessinant ses arcades romaines, jette comme une note antique à travers la modernité du paysage.

Au premier plan, un jeune garçon a quitté ses habits pour prendre un bain et continue l'impression antique par son costume de tous les temps. — C'est un gamin, mais ce pourrait être un petit berger d'Arcadie.

Il y a dans cette toile la fraîcheur chaude et moite des soirs d'été. — Un léger voile de vapeur s'interpose entre l'œil et les objets et donne à l'ensemble une suave harmonie crépusculaire.

Au bord de l'eau, environs de Paris, voilà du Français tout pur, sans aucune

préoccupation de style, s'abandonnant avec naïveté à sa nature, et peignant du bout du pinceau ce qu'il aime et ce qu'il sait. Rien n'est plus charmant que ces œuvres ordinairement dédaignées de l'artiste, parce qu'elles lui viennent sans effort et coulent comme de source. Elles ont la grâce de l'involontaire. — La rivière s'étale en claires nappes, coupée comme une vitre par une carre de diamant, parmi les herbes, les roseaux, les plaques de sable découvertes par les eaux basses. Çà et là quelques saules s'ébouriffent, quelques peupliers s'allongent, deux ou trois vaches broutent le gazon, et sur un tertre une Parisienne, en robe blanche et en mantelet noir, suit, abritée par une rose ombrelle, les péripéties d'une pêche à la ligne.

12. VICTOR HUGO
SUICIDE DE JAVERT DANS LA SEINE

Les Misérables, 1862.

Il coupa par le plus court vers la Seine, gagna le quai des Ormes, longea le quai, dépassa la Grève, et s'arrêta, à quelque distance du poste de la place du Châtelet, à l'angle du pont Notre-Dame. La Seine fait là, entre le pont Notre-Dame et le Pont-au-Change d'une part, et d'autre part entre le quai de la Mégisserie et le quai aux Fleurs, une sorte de lac carré traversé par un rapide.

Ce point de la Seine est redouté des mariniers. Rien n'est plus dangereux que ce rapide, resserré à cette époque et irrité par les pilotis du moulin du pont, aujourd'hui démoli. Les deux ponts, si voisins l'un de l'autre, augmentent le péril ; l'eau se hâte formidablement sous les arches. Elle y roule de larges plis terribles ; elle s'y accumule et s'y entasse ; le flot fait effort aux piles des ponts comme pour les arracher avec de grosses cordes liquides. Les hommes qui tombent là ne reparaissent pas ; les meilleurs nageurs s'y noient.

Javert appuya ses deux coudes sur le parapet, son menton dans ses deux mains, et, pendant que ses ongles se crispaient machinalement dans l'épaisseur de ses favoris, il songea.

Une nouveauté, une révolution, une catastrophe venait de se passer au fond de lui-même ; et il y avait de quoi s'examiner.

Javert souffrait affreusement.

Depuis quelques heures Javert avait cessé d'être simple. Il était troublé ; ce cerveau, si limpide dans sa cécité, avait perdu sa transparence ; il y avait un nuage dans ce cristal. Javert sentait dans sa conscience le devoir se dédoubler, et il ne pouvait se le dissimuler. Quand il avait rencontré si inopinément Jean Valjean sur la berge de la Seine, il y avait eu en lui quelque chose du loup qui ressaisit sa proie et du chien qui retrouve son maître.

Il voyait devant lui deux routes également droites toutes deux, mais il en voyait deux ; et cela le terrifiait, lui qui n'avait jamais connu dans sa vie qu'une ligne droite. Et, angoisse poignante, ces deux routes étaient contraires. L'une de ces deux lignes droites excluait l'autre. Laquelle des deux était la vraie ?

Sa situation était inexprimable.

Devoir la vie à un malfaiteur, accepter cette dette et la rembourser, être, en dépit de soi-même, de plain-pied avec un repris de justice, et lui payer un service avec un autre service ; se laisser dire : Va-t'en, et lui dire à son tour : Sois libre ; sacrifier à des motifs personnels le devoir, cette obligation générale, et sentir dans ces motifs personnels quelque chose de général aussi, et de supérieur peut-être ; trahir la société pour rester fidèle à sa conscience ; que toutes ces absurdités se réalisassent et qu'elles vinssent s'accumuler sur lui-même, c'est ce dont il était atterré.

Une chose l'avait étonné, c'était que Jean Valjean lui eût fait grâce, et une chose l'avait pétrifié, c'était que, lui Javert, il eût fait grâce à Jean Valjean.

Où en était-il ? Il se cherchait et ne se trouvait plus.

[...]

Il traversa de nouveau diagonalement la place du Châtelet, regagna le quai, et revint avec une précision automatique au point même qu'il avait quitté un quart d'heure auparavant ; il s'y accouda, et se retrouva dans la même attitude sur la même dalle du parapet. Il semblait qu'il n'eût pas bougé.

L'obscurité était complète. C'était le moment sépulcral qui suit minuit. Un plafond de nuages cachait les étoiles. Le ciel n'était qu'une épaisseur sinistre. Les maisons de la Cité n'avaient plus une seule lumière ; personne ne passait ; tout ce qu'on apercevait des rues et des quais était désert ; Notre-Dame et les tours du Palais de justice semblaient des linéaments de la nuit. Un réverbère rougissait la margelle du quai. Les silhouettes des ponts se déformaient dans la brume les unes derrière les autres. Les pluies avaient grossi la rivière.

L'endroit où Javert s'était accoudé était, on s'en souvient, précisément situé au-dessus du rapide de la Seine, à pic sur cette redoutable spirale de tourbillons qui se dénoue et se renoue comme une vis sans fin.

Javert pencha la tête et regarda. Tout était noir. On ne distinguait rien. On entendait un bruit d'écume ; mais on ne voyait pas la rivière. Par instants, dans cette profondeur vertigineuse, une lueur apparaissait et serpentait vaguement, l'eau ayant cette puissance, dans la nuit la plus complète, de prendre la lumière on ne sait où et de la changer en couleuvre. La lueur s'évanouissait, et tout redevenait indistinct. L'immensité semblait ouverte là. Ce qu'on avait au-dessous de soi, ce n'était pas de l'eau, c'était du gouffre. Le mur du quai, abrupt, confus, mêlé à la vapeur, tout de suite dérobé, faisait l'effet d'un escarpement de l'infini.

On ne voyait rien, mais on sentait la froideur hostile de l'eau et l'odeur fade des pierres mouillées. Un souffle farouche montait de cet abîme. Le grossissement du fleuve plutôt deviné qu'aperçu, le tragique chuchotement du flot, l'énormité lugubre des arches du pont, la chute imaginable dans ce vide sombre, toute cette ombre était pleine d'horreur.

Javert demeura quelques minutes immobile, regardant cette ouverture de ténèbres ; il considérait l'invisible avec une fixité qui ressemblait à de l'attention. L'eau bruissait. Tout à coup, il ôta son chapeau et le posa sur le rebord du quai. Un moment après, une figure haute et noire, que de loin quelque passant attardé eût pu prendre pour un fantôme, apparut debout sur le parapet, se courba vers la Seine, puis se redressa, et tomba droite dans les ténèbres ; il y eut un clapotement sourd ; et l'ombre seule fut dans le secret des convulsions de cette forme obscure disparue sous l'eau.

13. EDMOND ET JULES DE GONCOURT

Idées et Sensations, 1866.

Le jour s'éteint. Un certain bleuissement blanchâtre, pareil à une pâleur de lune, commence à glisser sur les dalles du quai. Une lumière, n'ayant plus de soleil et n'étant plus que du jour mort, laisse paraître, dans des tons froids et dépouillés, la tristesse et la platitude des maisons sales, des façades grises, où un petit triangle d'ombre vient se poser régulièrement en haut de chaque fenêtre. Le ciel est devenu d'un bleu sourd, d'un bleu de linge, mettant comme un reflet déteint sur le luisant des parapets polis par la main du passant, et sur les romans à quatre sous dans la boîte du bouquiniste. L'eau de la Seine va, une eau qui paraît ne pas aller ; elle est d'un vert décoloré, du vert neutre qu'ont les eaux aveugles dans un souterrain. Là-dedans, un peu de rose tombe d'une arche de pont rouillée, et une ombre se noie, une grande ombre glissée du haut de Notre-Dame comme un grand manteau dégrafé qui glisserait par-derrière. Dans les petites rues du quai à gauche, la nuit semble sortir de terre, des pavés, des devantures de boutiques sombres, monte dans les jambes de ceux qui vont, et ne laisse de couleur que le bleu d'une blouse, le linge d'un bonnet : en haut de la rue, une petite fumée rousse coupe la lanterne du Panthéon en blanchissant dessus. De l'autre côté, les murs de l'Hôtel-Dieu, les redoutables soubassements de pierres, comme troués de bouches de nécropole, s'assombrissent de tons gris de cendre calcinés ; et derrière le treillis vert du promenoir, on ne distingue plus, dans le crépuscule tombant, que le blanc du bonnet de coton d'un malade. Des points de lumière de voitures piquent et sillonnent au loin l'horizon ; sur les ponts, les gens ne sont plus que des silhouettes, des points noirs, des espèces de fourmis tout là-bas. Au-dessus de l'eau d'étain, la perspective des deux quais se rejoint et se perd dans un brouillard de pierre, dans une fumée de toits. Le gaz tout à coup flambe chez un marchand de tabac, dans une détonation de feu qui jette le rouge du magasin sur le trottoir et sur le violet du pavé. C'est la nuit de Paris qui se lève[1]...

---

[1] [Quelques variantes par rapport au *Journal*, février 1866 :
Le ciel est devenu d'un bleu sourd, **d'un bleu de savonnage**, mettant comme un reflet déteint sur le luisant des parapets polis par la main **des passants** [...]
Sur les ponts, les gens ne sont plus que des silhouettes, des **virgules noires** [...]
Au-dessus de l'eau couleur d'étain, la perspective **des deux ponts** se rejoint [...]
une détonation de feu, qui jette le rouge du magasin **allumé** sur le trottoir et le violet du pavé.]

14. PAUL VERLAINE
Nocturne parisien

Poèmes saturniens, 1866

Roule, roule ton flot indolent, morne Seine. —
Sur tes ponts qu'environne une vapeur malsaine
Bien des corps ont passé, morts, horribles, pourris,
Dont les âmes avaient pour meurtrier Paris.
Mais tu n'en traînes pas, en tes ondes glacées,
Autant que ton aspect m'inspire de pensées !

Le Tibre a sur ses bords des ruines qui font
Monter le voyageur vers un passé profond,
Et qui, de lierre noir et de lichen couvertes,
Apparaissent, tas gris, parmi les herbes vertes.
Le gai Guadalquivir rit aux blonds orangers
Et reflète, les soirs, des boléros légers,
Le Pactole a son or, le Bosphore a sa rive
Où vient faire son kief l'odalisque lascive.
Le Rhin est un burgrave, et c'est un troubadour
Que le Lignon, et c'est un ruffian que l'Adour.

Le Nil, au bruit plaintif de ses eaux endormies,
Berce de rêves doux le sommeil des momies.
Le grand Meschascébé, fier de ses joncs sacrés,
Charrie augustement ses îlots mordorés,
Et soudain, beau d'éclairs, de fracas et de fastes,
Splendidement s'écroule en Niagaras vastes.
L'Eurotas, où l'essaim des cygnes familiers
Mêle sa grâce blanche au vert mat des lauriers,
Sous son ciel clair que raie un vol de gypaète,
Rhythmique et caressant, chante ainsi qu'un poète.
Enfin, Ganga, parmi les hauts palmiers tremblants
Et les rouges padmas, marche à pas fiers et lents
En appareil royal, tandis qu'au loin la foule
Le long des temples va hurlant, vivante houle,
Au claquement massif des cymbales de bois,
Et qu'accroupi, filant ses notes de hautbois,
Du saut de l'antilope agile attendant l'heure,
Le tigre jaune au dos rayé s'étire et pleure.

— Toi, Seine, tu n'as rien. Deux quais, et voilà tout,
Deux quais crasseux, semés de l'un à l'autre bout
D'affreux bouquins moisis et d'une foule insigne
Qui fait dans l'eau des ronds et qui pêche à la ligne.
Oui, mais quand vient le soir, raréfiant enfin
Les passants alourdis de sommeil ou de faim,
Et que le couchant met au ciel des taches rouges,
Qu'il fait bon aux rêveurs descendre de leurs bouges
Et, s'accoudant au pont de la Cité, devant
Notre-Dame, songer, cœur et cheveux au vent !
Les nuages, chassés par la brise nocturne,
Courent, cuivreux et roux, dans l'azur taciturne.
Sur la tête d'un roi du portail, le soleil,
Au moment de mourir, pose un baiser vermeil.
L'hirondelle s'enfuit à l'approche de l'ombre.
Et l'on voit voleter la chauve-souris sombre.
Tout bruit s'apaise autour.
[...]

— Et puis l'orgue s'éloigne, et puis c'est le silence,

Et la nuit terne arrive et Vénus se balance
Sur une molle nue au fond des cieux obscurs :
On allume les becs de gaz le long des murs,
Et l'astre et les flambeaux font des zigzags fantasques
Dans le fleuve plus noir que le velours des masques ;
Et le contemplateur sur le haut garde-fou
Par l'air et par les ans rouillé comme un vieux sou
Se penche, en proie aux vents néfastes de l'abîme.
Pensée, espoir serein, ambition sublime,
Tout, jusqu'au souvenir, tout s'envole, tout fuit,
Et l'on est seul avec Paris, l'Onde et la Nuit !

— Sinistre trinité ! De l'ombre dures portes !
Mané-Thécel-Pharès des illusions mortes !
Vous êtes toutes trois, ô Goules de malheur,
Si terribles, que l'Homme, ivre de la douleur
Que lui font en perçant sa chair vos doigts de spectre,
L'Homme, espèce d'Oreste à qui manque une Électre,
Sous la fatalité de votre regard creux
Ne peut rien et va droit au précipice affreux ;
Et vous êtes aussi toutes trois si jalouses
De tuer et d'offrir au grand Ver des épouses
Qu'on ne sait que choisir entre vos trois horreurs,
Et si l'on craindrait moins périr par les terreurs
Des Ténèbres que sous l'Eau sourde, l'Eau profonde,
Ou dans tes bras fardés, Paris, reine du monde !

— Et tu coules toujours, Seine, et, tout en rampant,
Tu traînes dans Paris ton cours de vieux serpent,
De vieux serpent boueux, emportant vers tes havres
Tes cargaisons de bois, de houille et de cadavres !

15. GUSTAVE FLAUBERT
FRÉDERIC MOREAU REMONTE LA SEINE

L'Education sentimentale, 1869.

Le 15 septembre 1840, vers six heures du matin, la *Ville-de-Montereau*, près de partir, fumait à gros tourbillons devant le quai Saint-Bernard.

Des gens arrivaient hors d'haleine ; des barriques, des câbles, des corbeilles de linge gênaient la circulation ; les matelots ne répondaient à personne ; on se heurtait ; les colis montaient entre les deux tambours, et le tapage s'absorbait dans le bruissement de la vapeur, qui, s'échappant par des plaques de tôle, enveloppait tout d'une nuée blanchâtre, tandis que la cloche, à l'avant, tintait sans discontinuer.

Enfin le navire partit ; et les deux berges, peuplées de magasins, de chantiers et d'usines, filèrent comme deux larges rubans que l'on déroule.

Un jeune homme de dix-huit ans, à longs cheveux et qui tenait un album sous son bras, restait auprès du gouvernail, immobile. À travers le brouillard, il contemplait des clochers, des édifices dont il ne savait pas les noms ; puis il embrassa, dans un dernier coup d'œil, l'île Saint-Louis, la Cité, Notre-Dame ; et bientôt, Paris disparaissant, il poussa un grand soupir.

M. Frédéric Moreau, nouvellement reçu bachelier, s'en retournait à Nogent-sur-Seine, où il devait languir pendant deux mois, avant d'aller *faire son droit.* Sa mère, avec la somme indispensable, l'avait envoyé au Havre voir un oncle, dont elle espérait, pour lui, l'héritage ; il en était revenu la veille seulement ; et il se dédommageait de ne pouvoir séjourner dans la capitale, en regagnant sa province par la route la plus longue.

Le tumulte s'apaisait ; tous avaient pris leur place ; quelques-uns, debout, se chauffaient autour de la machine, et la cheminée crachait avec un râle lent et rythmique son panache de fumée noire ; des gouttelettes de rosée coulaient sur les cuivres ; le pont tremblait sous une petite vibration intérieure, et les deux roues, tournant rapidement, battaient l'eau.

La rivière était bordée par des grèves de sable. On rencontrait des trains de bois qui se mettaient à onduler sous le remous des vagues, ou bien, dans un bateau sans voiles, un homme assis pêchait ; puis les brumes errantes se fondirent, le soleil parut, la colline qui suivait à droite le cours de la Seine peu à peu s'abaissa, et il en surgit une autre, plus proche, sur la rive opposée.

Des arbres la couronnaient parmi des maisons basses couvertes de toits à l'italienne. Elles avaient des jardins en pente que divisaient des murs neufs, des grilles de fer, des gazons, des serres chaudes, et des vases de géraniums, espacés régulièrement sur des terrasses où l'on pouvait s'accouder. Plus d'un, en apercevant ces coquettes résidences, si tranquilles, enviait d'en être le propriétaire, pour vivre là jusqu'à la fin de ses jours, avec un bon billard, une chaloupe, une femme ou quelque autre rêve.

[...] Ce soir là, ils dînèrent dans une auberge, au bord de la Seine. La table était près de la fenêtre [...]. En face, au bout de la prairie, il y avait un clocher dans un village ; et, plus loin, à gauche, le toit d'une maison faisait une tache rouge sur la rivière, qui semblait immobile dans toute la longueur de sa sinuosité. Des joncs se penchaient pourtant, et l'eau secouait légèrement des perches plantées au bord pour tenir des filets ; une masse d'osier, deux ou trois vieilles chaloupes étaient là. Près de l'auberge, une fille en chapeau de paille tirait des seaux d'un puits ; — chaque fois qu'ils remontaient, Frédéric écoutait avec une jouissance inexprimable le grincement de la chaîne.

***

Sans oublier l'été 1876 dans la Correspondance *de Flaubert !*

Juillet : « Ma seule distraction (et mon seul exercice) est, tous les jours, avant mon dîner, de m'allonger sur la brasse dans les ondes de la Séquane. »

Août : « Tout à l'heure je vais aller m'esbattre comme un triton dans les ondes de la Séquane, où nageant ores sur le ventre, ores sur le dos, emmy les nefs, à la marge des isles bordées de feuillages, ie cuyde ressembler aux Dieux marins des tapisseries de haulte lisse. »

16. ÉMILE ZOLA

« La Seine, la rivière vivante »

La Curée, 1871.

Mais, de celle-ci, on apercevait tout ce bout de Seine, tout ce bout de Paris qui s'étend de la Cité au pont de Bercy, plat et immense, et qui ressemble à quelque originale cité de Hollande. En bas, sur le quai de Béthune, il y avait des baraques de bois à moitié effondrées, des entassements de poutres et de toits crevés, parmi lesquels les enfants s'amusaient souvent à regarder courir des rats énormes, qu'elles redoutaient vaguement de voir grimper le long des hautes

murailles. Mais, au delà, l'enchantement commençait. L'estacade, étageant ses madriers, ses contre-forts de cathédrale gothique, et le pont de Constantine, léger, se balançant comme une dentelle sous les pieds des passants, se coupaient à angle droit, paraissaient barrer et retenir la masse énorme de la rivière. En face, les arbres de la Halle aux vins, et plus loin les massifs du Jardin des Plantes, verdissaient, s'étalaient jusqu'à l'horizon ; tandis que, de l'autre côté de l'eau, le quai Henri IV et le quai de la Râpée alignaient leurs constructions basses et inégales, leur rangée de maisons qui, de haut, ressemblaient aux petites maisons de bois et de carton que les gamines avaient dans des boîtes. Au fond, à droite, le toit ardoisé de la Salpêtrière bleuissait au-dessus des arbres. Puis, au milieu, descendant jusqu'à la Seine, les larges berges pavées faisaient deux longues routes grises que tachait çà et là la marbrure d'une file de tonneaux, d'un chariot attelé, d'un bateau de bois ou de charbon vidé à terre. Mais l'âme de tout cela, l'âme qui emplissait le paysage, c'était la Seine, la rivière vivante ; elle venait de loin, du bord vague et tremblant de l'horizon, elle sortait de là-bas, du rêve, pour couler droit aux enfants, dans sa majesté tranquille, dans son gonflement puissant, qui s'épanouissait, s'élargissait en nappe, à leurs pieds, à la pointe de l'île. Les deux ponts qui la coupaient, le pont de Bercy et le pont d'Austerlitz, semblaient des arrêts nécessaires, chargés de la contenir, de l'empêcher de monter jusque dans la chambre. Les petites aimaient la géante, elles s'emplissaient les yeux de sa coulée colossale, de cet éternel flot grondant qui roulait vers elles, comme pour les atteindre, et qu'elles sentaient se fendre et disparaître à droite et à gauche, dans l'inconnu, avec une douceur de titan dompté. Par les beaux jours, par les matinées de ciel bleu, elles se trouvaient ravies des belles robes de la Seine ; c'étaient des robes changeantes qui passaient du bleu au vert, avec mille teintes d'une délicatesse infinie ; on aurait dit de la soie mouchetée de flammes blanches, avec des ruches de satin ; et les bateaux qui s'abritaient aux deux rives la bordaient d'un ruban de velours noir. Au loin, surtout, l'étoffe devenait admirable et précieuse, comme la gaze enchantée d'une tunique de fée ; après la bande de satin gros vert, dont l'ombre des ponts serrait la Seine, il y avait des plastrons d'or, des pans d'une étoffe plissée couleur de soleil. Le ciel immense, sur cette eau, ces files basses de maisons, ces verdures des deux parcs, se creusait.

Parfois Renée, lasse de cet horizon sans bornes, grande déjà et rapportant du pensionnat des curiosités charnelles, jetait un regard dans l'école de natation des bains Petit, dont le bateau se trouve amarré à la pointe de l'île. Elle cherchait à voir, entre les linges flottants pendus à des ficelles en guise de plafond, les hommes en caleçon dont on apercevait les ventres nus.

17. ALBERT MÉRAT
La Seine

Au fil de l'eau, 1877

LA SEINE

À CAMILLE PELLETAN

La Seine qui, l'été, riait dans les roseaux,
Sous la pluie a changé la couleur de ses eaux.
Elle s'enfle et jaunit quand s'effeuillent les roses :
Ainsi l'hiver met fin à la douceur des choses.
Les barques ne font plus légères, loin d'ici,
De voyage à Cythère aux saules de Croissy.
Les lilas sont coupés ; nous n'irons plus aux îles !
Blonde gaîté des ciels indulgents, tu t'exiles ;
Tu vas vers les midis que rien ne peut ternir,
Et, prompte à nous quitter, tardes à revenir !

La rivière a monté rapide : elle charrie
Avec les herbes d'eau des herbes de prairie.

Elle va déborder demain dans les lieux bas.
Le ciel garde le bord qui ne se défend pas !
Le marinier, voyant le flot d'un gris livide,
Amarre ses bateaux : le fleuve paraît vide.
Les *Mouches* cependant, dans ce triste décor,
Font d'Auteuil à Bercy leurs croisières encor.
Personne sur le pont ; seul avec la rivière,
Le pilote, en caban, qui gouverne à l'arrière.
Un grand bateau de bains semble, le long du quai,
Un jouet qu'on démonte ou qui s'est détraqué.
Les ormes qui faisaient des bouquets de verdure
Subissent la saison inexorable et dure,
Et, rigides et froids, sur leurs branches de fer
Laissant tomber la rouille, ils frissonnent dans l'air.

18. ÉMILE BLÉMONT
LA SEINE

Salon illustré de 1879

La Seine

La rivière aux doux flots couleur de l'espérance
Qui coule harmonieuse au cœur de notre France,
Et de son bruit charmeur, en paissant ses moutons,
Accompagne tout bas les vers que nous chantons,
La Seine, notre amour, fine magicienne.
Est fort changeante, étant un peu Parisienne.
Sous les hauts peupliers mêlés de saules nains,
Ici, se déroulant en contours féminins
Non loin du mont natal d'où sa source ruisselle.
Elle a l'air d'une jeune et rustique pucelle
Qui, le visage à l'ombre et les pieds au soleil,
Parmi les fleurs des prés goûte un calme sommeil.
Là, sous les quais massifs qu'une ville environne,
Elle a l'aspect bourgeois d'une riche matrone
Comptant ses rouleaux d'or et ses pièces cent sous ;
Puis, allure innocente et regards en dessous,
C'est la nonne furtive et s'échappant du cloître.
Plus loin, vous la voyez se gonfler soudain, croître

Majestueusement, et rouler ses flots lourds
Comme une grande dame en traîne de velours.
Ailleurs, vers Bougival, le Bas-Meudon, Asnières,
Brûlant à tous les feux ses fraîcheurs printanières,
C'est une aimable impure, une cocotte, avec
Sa coiffure à la chien lui tombant sur le bec.
Passons en souriant ; elle est parfois malsaine
Et dangereuse au fond, notre gentille Seine !
Mieux vaut la regarder de la berge d'Ivry,
Comme Flameng a fait. Le bord n'est pas fleuri,
Le paysage cru n'a point un air de fête ;
Mais on y sent l'air vif et le travail honnête.

19. ERNESTINE CARREY

LA SEINE LA NUIT

Paris en 1883, croquis parisien, 1883

« La Seine la nuit »

Pourquoi rouler ainsi tes flots noirs dans cette ombre ?
Pourquoi rouler ainsi doucement et sans bruit ?
J'aime à te voir passer, la nuit, quand il fait sombre,
Et sur tes bords déserts venir rêver la nuit.
Pourquoi, comme les jours, passer dans le silence,
Car jamais sur la rive on n'entendra tes flots :
Tu dois couler ainsi dans ta douce indolence,
Emportant sans regrets nos larmes, nos sanglots.
Quand la lune sur toi vient se jouer rêveuse,
T'éclairant doucement de sa pâle clarté,
Oh ! je vois, dans le noir de mon âme songeuse,
Ses rayons argentés, comme sur la cité
Des points noirs, lumineux briller sur ta surface,
Parfois rouges ou verts ; mais tu ne les sens pas.
Et tu n'as pas de cœur et sur toi tout s'efface,
Car jamais sur ton cours nul n'a gravé son pas.
Tu peux bien emporter, dans ta course rapide,
Les étoiles d'argent et les mener au port,

Elles viennent la nuit sur ton linceul humide,
Éclairer d'un reflet le dernier jour du mort.
Pourquoi désespérer ainsi de l'existence ?
Pourquoi donc te tuer, oh ! malheureux mortel ?
Tous nous sommes frappés de la même sentence,
En attendant la mort, prions près d'un autel.
Je veux te voir couler et, sans que tu dévies,
Et le jour et le soir pendant notre sommeil ;
Je veux te voir couler comme coulent nos vies,
Plus souvent dans la nuit, qu'aux rayons du soleil.

20. ALPHONSE DAUDET

D'ABLON À CORBEIL EN PASSANT PAR PETIT-PORT…

L'Évangéliste, 1883

D'Ablon à Petit-Port il n'y a guère plus de trois kilomètres que parcourt un omnibus à tous les trains ; mais l'éclusier, pour faire mieux les choses, avait pris son bateau de service, un large bachot vert, repeint de frais, où tout le monde s'installa, la petite fille à l'arrière entre Éline et Mme Ebsen, Lorie sur la banquette en face, Sylvanire à l'avant, qu'elle emplissait avec sa robe de ce bleu de bonne qui semble une livrée et sa coiffe blanche tuyautée à la paille. Romain, leste comme un rat, sauta le dernier en poussant la berge du pied, et prit les rames. La barque était chargée, la Seine lourde.

« Vous allez vous fatiguer, mon brave...

— Pas peur, monsieur Lorie. »

Et le petit homme souquait ferme, riant, grimaçant au soleil, renversant sa tête crépue jusqu'à sur les genoux de sa femme, et, par une singulière manœuvre, tirant vers le milieu du fleuve où le courant semblait bien plus rude.

« Petit-Port est donc de l'autre côté, Romain ?

— Faites excuse, monsieur Lorie... Mais c'est rapport à la Chaîne... »

On ne comprit ce qu'il voulait dire qu'en le voyant lâcher ses rames tout à coup, et du bout de sa gaffe accrocher le dernier bateau d'un long train de remorque qui passait tous les matins à cette heure-là. Navigation délicieuse, sans fatigue ni secousse. Le battement de la machine et le grincement de la chaîne de louage dévidée sur le pont du remorqueur ne s'entendaient que de très loin, dans un bruit monotone et berceur élargi jusqu'aux deux rives avec les écumes du sillage. Sous le ciel clair, égayé par cette jeunesse du jour et de l'année, la campagne déserte, les maisons blanches espacées de verdure naissante, de lilas bleuissants, se déroulaient des deux côtés dans un bon vent de vitesse.

« Comme on est bien ! » disait Fanny, son bras sous celui d'Éline ; et cette petite voix d'enfant exprimait le sentiment de tous. Ils étaient bien. Pour la première fois depuis leur malheur, la jeune fille retrouvait des couleurs de santé, son frais sourire de fleur entr'ouverte, au contact de la nature qui berce et console. Mme Ebsen, comme tous les gens qui ont longtemps vécu, beaucoup peiné, jouissait tranquillement d'un jour de trêve. Lorie regardait les blonds cheveux follets voltigeant aux tempes, au front, au cou d'Éline, se figurant que c'était un peu son cœur à lui que le bras de son enfant rapprochait du cœur de la jeune fille. Mais le plus heureux était encore Romain assis à l'avant près de sa femme et lui parlant tout bas avec un regard finaud qu'il coulait de temps en temps vers l'arrière.

« Voilà Petit-Port !... fit-il au bout d'un moment, en montrant un village aux uniformes toits rouges disséminés sur les pentes un peu rases, jardins de maraîchers, carrés de fleurs ou de légumes, qui bordent, au-dessus d'Ablon, la rive gauche de la Seine... Dans un quart d'heure, nous serons à l'écluse... »

[...]

« C'est loin, Corbeil ? » demanda la mère, brusquement.

Non, Corbeil n'était pas loin. Elle n'avait qu'à suivre la berge jusqu'à Juvisy, où elle trouverait le train qui la mènerait en vingt minutes.

La voilà sur l'étroit chemin, allant du côté de Juvisy dont elle aurait pu distinguer à distance les maisons blanches groupées au tournant que fait la Seine à cet endroit, si la brume encore épaissie n'eût empêché de rien voir à cinquante pas.

La rivière, alourdie sous cette brume, semblait figée entre les formes d'arbres indistinctes qui la bordaient. De loin en loin, un bachot immobile, avec une silhouette de pêcheur toute droite, la gaule en main. [...]

Écrasée sur son tas de pierres, regardant sans bouger la Seine huileuse et lourde étoilée çà et là de larges éclaboussures, elle n'existait plus que par le bouillonnement de toutes ces idées qui faisaient dans sa pauvre tête comme un grondement sourd de chaudière déversée…

La pluie maintenant, une pluie fine, pénétrante, brouillant le ciel et l'eau entre ses mailles serrées... Elle voulut se lever, se remettre en route ; mais tout tournait, la rivière, les arbres, et elle s'affaissa dans l'herbe molle et boueuse, les yeux fermés, les bras inertes.

21. STANISLAS DE GUAITA
« La Seine calomniée », 1883

Rosa Mystica, 1885

La Seine calomniée

> Et tu coules toujours, Seine, et tout en rampant,
> Tu traînes dans Paris ton corps de vieux serpent,
> De vieux serpent boueux, emportant vers tes hâvres
> Tes cargaisons de bois, de houille et de cadavres !
> Paul Verlaine, *Poèmes saturniens.*

> La Seine est l'égoût le plus sordide de Paris.
> E. V.

À Joseph Caraguel.

Je me suis dit, (voyant la Seine
Rouler sous les ponts ses flots verts,
 Calme, à travers
Tes détritus, cité malsaine,)
Que les poètes, en leurs chants,
 Sont bien méchants !

Laisse gronder la calomnie,
Ô fleuve ! Si, dans ton miroir

On a pu voir
Les hideurs et la vilenie
Que reflète, avec un sanglot,
    Ton triste flot ;

Ô tombe errante, es-tu complice,
Quand, sous un ciel noir, l'assassin
    Rougit ton sein,
Et, narguant l'affre du supplice,
Jette sa victime au courant
    Qui fuit, pleurant ?…

Moi, je te sais innocent, Fleuve !
Prolonge ton murmure amer
    Jusqu'à la mer !
À ton cours un peuple s'abreuve…
Mais l'enfant mord le sein maigri
    Qui l'a nourri !

Paris ingrat qui te bafoue
Ne songe point — le gueux pervers —
    Que tes flots verts
Lavent son front taché de boue,
Et daignent blanchir, en passant,
    Ses mains de sang !

Novembre 1883.

22. ROLAND MONTCLAVEL

« PAYSAGE »

Croquis à la plume, 1883

Paysage

À Léo d'Orfer

À Saint-Ouen, sur les bords de la Seine égoutière. Roulent en ses flots noirs les détritus de la grande ville. Volent en l'air quelques hannetons aux noirs élytres.

Au lointain brumeux, Saint-Denis, Asnières, Genevilliers et d'Orgemont s'estompent dans un flamboiement crépusculaire.

Six heures du soir, soleil couchant.

Sur la rive opposée, les arbres inondés d'une vaporosité cobaltée surplombent l'eau jaunâtre en de tremblotantes images, et quelques jars domestiques barbottent à l'envi dans le cloaque liquéfié.

Au milieu de l'onde, fend les vaguelettes de sa proue limoneuse un canot dans le remous duquel des gamins, aussi téméraires que peu vêtus, se livrent à une natation désordonnée.

Roulent de plus en plus les détritus de la grande ville, en flots noirs de la Seine égoutière, et les hannetons bourdonnent incessamment.

Un grand saule, feuillu, aux formes lierréales, aux branches caduques, dresse en l'air la silhouette de son tronc creux et sa tête hérissée.

Derrière, des frênes en taillis saillent sur le terrain dénudé, des frênes aux feuilles en dent de scie.

Le soleil disparaît dans une clarté fulgide.

Les nageurs ont disparu aussi derrière un rideau de saules et les jars ont regagné la rive gazonnée.

Et les hannetons bourdonnent de plus en plus.

Lance idemmement son appel strident le grillon tapis sous les colzas.

La nuit vient à Saint-Ouen, sur les bords de la Seine égoutière, roulant les détritus de la grande ville.

2 juin 1883

23. J. K. HUYSMANS

LA SEINE VUE PAR LE PEINTRE J.-F. RAFFAËLLI

L'Art moderne, 1883

(L'EXPOSITION DES INDEPENDANTS EN 1881)

Revenons maintenant dans la salle où s'étagent les Raffaëlli. J'ai déjà dit quel accent ce peintre avait su donner aux sites de nos banlieues ; la série qu'il exhibe, cette fois, enforce la note de ce magnifique tableau de *Gennevilliers* dont j'ai parlé, l'année dernière ;

une toile, intitulée *Vue de Seine,* est plus poignante encore s'il est possible, une toile où l'eau coule, glauque, entre deux rives de neige, sous un ciel imperméable et blême que brouillent des fumées fuligineuses. Nous sommes loin de cette eau en taffetas vert-pomme et de ces traînées de blanche ouate que les neigistes officiels disposent si gentiment. La Seine est terrible dans le panneau de M. Raffaëlli ; elle roule, lente et sourde, et il semble que jamais plus elle ne s'éclaircira et bleuira entre ses rives, tant demeure aiguë l'impression d'angoisse que laisse ce paysage de désolation, éclairé par les rayons crépusculaires d'un soleil mort, enfoui sous une couche de pesants nuages.

« À Gennevilliers » ; et « la Seine à Asnières », Gallica/ Bibliothèque nationale de France

24. MAURICE MAC-NAB

Chansons du Chat Noir, ca. 1885

La s'maine et surtout l' dimanche,
Ça devrait pas êt' permis
De nager et d' fair' la planche
Dans l'eau qui coule à Paris.

À Paris, la Seine est trouble
Et ça n'est pas drôl' du tout,
D' barboter dans du gras double :
J' m'en vas m' baigner à Chatou.

À Chatou, près d' la rivière,
Je me transporte aussitôt ;
Mais j' me dis : « L'eau n'est pas claire,
Allons nous baigner plus haut. »

Je marche et j'arrive en face
Du dépotoir de Saint-Ouen ;
Alors je fais un' grimace,
La Seine est jaun' comme un coing.

Je r'mont' le cours de la Seine
Toujours sur le bord de l'eau,

En m' disant tout bas : « Pas d' veine,
Allons nous baigner plus haut ! »

Plus haut, près du pont d'Asnières,
J' m'apprête à faire un plongeon ;
Mais le fleuv', chos' singulière.
Est plus noir que du charbon !

Je r'mont' le cours de la Seine
Toujours sur le bord de l'eau,
En m' disant tout bas : « Pas d' veine,
Allons nous baigner plus haut ! »

Au détour de Courbevoie
Je m'écri' : « C'est là, parbleu,
Que j' me baign'rais avec joie,
Mais le liquide est tout bleu ! »

Je r'mont' le cours de la Seine
Toujours sur le bord de l'eau,
En m' disant tout bas : « Pas d' veine,
Allons nous baigner plus haut ! »

Bientôt j'arrive à Suresne
Près d'un site ravissant ;
Mais soudain je vois la Seine
Qui devient couleur de sang !

Je r'mont' le cours de la Seine
Toujours sur le bord de l'eau,
En m' disant tout bas : « Pas d' veine,
Allons nous baigner plus haut ! »

Plein d'une ardeur opiniâtre,
Je pousse jusqu'à Meudon ;
Mais là le fleuve est blanchâtre
Et roul' des flots d'amidon !

Je r'mont' le cours de la Seine
Toujours sur le bord de l'eau,
En m' disant tout bas : « Pas d' veine,
Allons nous baigner plus haut ! »

Enfin, trouvant l'eau moins grasse,
Je m' décide à Billancourt :
J' pique un' têt' dans la carcasse
D'un chien crevé d'puis quinz' jours !

Depuis c' jour-là je m' méfie
Et, chaqu' soir, de huit à neuf,
J' m'en vais sans cérémonie
Tirer ma coup' sous l' Pont-Neuf !

25. CAMILLE FLAMMARION
« LA SEINE À PARIS »

Dans le ciel et sur la terre, 1886

III/ LA SEINE A PARIS

Un jour de lumière d'automne, à Paris, avant le coucher du soleil, je contemplais la Seine de la balustrade du pont de l'Institut, d'où la vue est parfois extraordinaire. Le couchant empourpré versait une lumière rosée sur les nuages moutonneux qui parsemaient l'azur, et cette lumière venant baigner l'atmosphère de la grande ville colorait d'un aspect magique les édifices inondés de clarté. Le fleuve, comme un large ruban, descendait lentement vers l'ouest, allant se perdre dans le vague lointain où se mariaient la lumière et l'ombre. À ma gauche, le dôme ombré surplombait les édifices, et plus loin, deux flèches gothiques perçaient le ciel. À ma droite, les fenêtres du Louvre, enflammées d'une illumination féerique, donnaient à l'antique édifice une étendue démesurée ; le bois sombre des Tuileries et les hauteurs vaporeuses d'une colline plus éloignée allongeaient la perspective jusqu'aux brumes de l'horizon. Ce panorama présentait un double sens : c'était la grande idée de la nature planant sur le grand fait d'une ville humaine. Peu à peu, je me trouvai identifié à cette apparition de l'existence simultanée de la nature et de la ville, existence permanente et déjà vieille, mais dont le contraste ne m'avait pas encore frappé aussi vivement. Et comme je contemplais ce double spectacle, je suivais les mouvements apparents et réels de la nature. Le soleil descendait lentement derrière les collines, les nuées se coloraient d'une teinte plus rose, le fleuve coulait doucement vers la mer lointaine, l'air rafraîchi était traversé d'une brise semblable à une respiration : or ce mouvement général m'impressionnait, car il s'étendait dans ma pensée à la nature entière et me développait la circulation générale de la vie sur la Terre. Mais la cause principale de mon attention était la pensée que tout ce vaste mouvement s'accomplissait *comme si l'homme n'était pas là*. Au milieu de Paris, l'homme parut un zéro dans la nature. Les promeneurs qui passaient derrière moi sur ce même pont, n'admiraient certainement pas ce beau coucher de soleil. Les gens d'affaires vaquaient aux obligations de leur genre de vie. Les deux à trois millions d'individus qui fourmillent dans l'enceinte des fortifications ne me représentaient rien autre chose qu'un tourbillon passager à la surface de ce point du globe. Et je me disais : la Terre roule ainsi sur son orbite, présentant tour à tour chaque pays du monde à la fécondation solaire ; les nuages parcourent l'atmosphère ; les plantes suivent le cycle des saisons ; les fleuves descendent à la mer ; les jours et les nuits se succèdent ; l'harmonie terrestre suit son cours régulier et perpétuel : — mais *pourquoi* cela existe-il ? [...] Ce formidable ensemble a un but pourtant... La nature voilée se tait sur le problème qui nous enveloppe et nous anéantit.

Ce jour-là, je m'éloignai silencieux, les yeux aveuglés et incapables de rien voir. Le soleil se coucha, la Seine continua silencieusement son cours, le manteau du soir s'étendit sur la grande ville, et je me perdis bientôt dans les bruits qui avaient un instant cessé de se faire entendre pour moi. Depuis, bien souvent, les mêmes réflexions sont venues m'assaillir ; bien souvent, je me suis senti arrêté sur mon chemin par cette insondable interrogation : *Pourquoi le monde existe-t-il ?* Et toujours le vide et le silence sont tombés dans mon âme.

26. GUY DE MAUPASSANT

« Mon absorbante passion, pendant dix ans, ce fut la Seine. »

L'Inutile Beauté,
« Mouche. Souvenir d'un canotier »,
1890

Il nous dit :

« En ai-je vu, de drôles de choses et de drôles de filles aux jours passés où je canotais. Que de fois j'ai eu envie d'écrire un petit livre, titré "Sur la Seine", pour raconter cette vie de force et d'insouciance, de gaieté et de pauvreté, de fête robuste et tapageuse que j'ai menée de vingt à trente ans.

J'étais un employé sans le sou ; maintenant, je suis un homme arrivé qui peut jeter des grosses sommes pour un caprice d'une seconde. J'avais au cœur mille désirs modestes et irréalisables qui me doraient l'existence de toutes les attentes imaginaires. Aujourd'hui, je ne sais pas vraiment quelle fantaisie me pourrait faire lever du fauteuil où je somnole. Comme c'était simple, et bon, et difficile de vivre ainsi, entre le bureau à Paris et la rivière à Argenteuil. Ma grande, ma seule, mon absorbante passion, pendant dix ans, ce fut la Seine. Ah ! la belle, calme, variée et puante rivière pleine de mirage et d'immondices. Je l'ai tant aimée, je crois, parce qu'elle m'a donné, me semble-t-il, le sens de la vie. Ah ! les promenades le long des berges fleuries, mes amies les grenouilles qui rêvaient, le ventre au frais, sur une feuille de nénuphar, et les lis d'eau coquets et frêles, au milieu des grandes herbes fines qui m'ouvraient soudain, derrière un saule, un feuillet d'album japonais quand le martin-pêcheur fuyait devant moi comme une flamme bleue ! Ai-je aimé tout cela, d'un amour instinctif des yeux qui se répandait dans tout mon corps en une joie naturelle et profonde.

Comme d'autres ont des souvenirs de nuits tendres, j'ai des souvenirs de levers de soleil dans les brumes matinales, flottantes, errantes vapeurs, blanches comme des mortes avant l'aurore, puis, au premier rayon glissant sur les prairies, illuminées de rose à ravir le cœur ; et j'ai des souvenirs de lune argentant l'eau frémissante et courante, d'une lueur qui faisait fleurir tous les rêves.

Et tout cela, symbole de l'éternelle illusion, naissait pour moi sur de l'eau croupie qui charriait vers la mer toutes les ordures de Paris.

Puis quelle vie gaie avec les camarades. Nous étions cinq, une bande, aujourd'hui des hommes graves ; et comme nous étions tous pauvres, nous avions fondé, dans une affreuse gargote d'Argenteuil, une colonie inexprimable qui ne possédait qu'une chambre-dortoir où j'ai passé les plus folles soirées, certes, de mon existence. Nous n'avions souci de rien que de nous amuser et de ramer, car l'aviron pour nous, sauf pour un, était un culte. Je me rappelle de si singulières aventures, de si invraisemblables farces, inventées par ces cinq chenapans, que personne aujourd'hui ne les pourrait croire. On ne vit plus ainsi, même sur la Seine, car la fantaisie enragée qui nous tenait en haleine est morte dans les âmes actuelles.

À nous cinq nous possédions un seul bateau, acheté à grand'peine et sur lequel nous avons ri comme nous ne rirons plus jamais.

27.   OCTAVE UZANNE
Les bouquinistes des quais de la Seine

Bouquinistes et bouquineurs. Physiologie des quais de Paris.
Ill. d'Émile Mas, 1893.

Les quais étaient sans cesse animés d'une vie bien à part ; le matin, des petites charrettes chargées de livres arrivaient par les rues latérales, et sur la pierre nue des parapets l'installation commençait ; boîte à boîte, l'étalagiste ajustait son magasin provisoire et s'installait pour la journée en guettant complaisamment le passant ; souvent il déjeunait en plein vent, n'ayant pour siège et table que sa *roulotte* ; la femme venait également apporter un plat chaud, avec le litre réparateur, et prenait son repas à côté du patron. — Sur ces jolis bords de Seine, toujours délicieusement éclairés de gaieté et enveloppés d'une atmosphère fine qui met le regard en liesse, ces actes divers du monde de la bouquinerie faisaient tableau pour le flâneur épris de Paris et de ses adorables panoramas mouvants.

Le soir, à l'heure vague où les réverbères s'allument, dans la teinte d'ardoise des jours mourants, les bouquinistes, leur journée finie, levaient le camp en hâte. Un à un les lourds casiers étaient repris et déposés sur la petite voiture ; les parapets reprenaient leur aspect normal […]

***

« [...] Je m'étais proposé de ne faire qu'une légère incursion dans votre pays d'indépendance et de bohème, aimables riverains du fleuve de Seine, car je pensais que votre constitution sociale, vos mœurs, votre physionomie, votre passé, ne m'attireraient pas au-delà d'une étude fugitive ; mais, sous le frêle échafaudage de votre situation publique, je me suis plu à découvrir peu à peu tant d'originalités diverses, tant de bizarreries, de singularités, que j'ai élu domicile près de vos campements, enflant ma brochure, — pour tout y mieux loger à l'aise, — dans les proportions du très respectable volume que voici. [...]

Recueillez donc cet ouvrage, Bouquinistes, mes Amis, à l'heure où il viendrait vous mendier refuge, aide et protection ; c'est peut-être le seul opuscule qui vous ait été collectivement dédié en toute équité et logique, mais je ne désespère point de voir mon exemple suivi par tous les sages, lesquels n'ignorent point qu'ici-bas la gloire compte éternellement ses invalides. — Et puis... n'est-ce pas encore revivre que d'errer dans vos boîtes, en pleine lumière, sous la gaieté plus ou moins voilée du ciel, fatigué par l'usure de la vie, coupé, lacéré, consulté, lu, repris et relu, utile à tous et presque fier de ses meurtrissures ? C'est assurément mieux que de dormir embaumé dans le maroquin doré et couvert d'entrelacs, sous une brillante vitrine, intact aussi bien qu'inlu, vierge encore et respecté par la candeur vaniteuse d'un Joseph bibliophile.

Au milieu du phalanstère de vos étalages, les livres n'échangent point le dialogue des morts ; ils attendent les jugements derniers des vivants dans une confusion sociale et confraternelle digne des paraboles de l'Écriture ; ils sont miséricordieux à l'œil du flâneur et confiants dans la juste curiosité publique. — En conséquence, allez, mes Amis, accueillez-moi auprès des ponts, sur ces murs de solide granit où la Seine semble frôler sa glauque robe de soie ; je serai certes plus à l'aise, couché sur la pierre nue des parapets, dans la turbulence et l'ivresse montante de la grande Ville et l'agitation passagère des Quais, que dans la nécropole d'ébène des plus riches bibliothèques. [...] »

de voir ces braves
gens s'épanouis-
sant comme les
habitants de l'ar-
che, lorsqu'ils
purent admirer le
prisme de l'arc-

larges gouttes marqueter une tranche **vierge**
encore, ruisseler de feuille en feuille et sub-
merger la Bible elle-même dans ce nouveau

28. JEAN LORRAIN
La Seine du côté de
MIGNEAUX, VILLENNES ET TRIEL

Buveurs d'âmes, 1893

Décidément, l'été s'annonce mal et ce mois de juin va être plus dur à passer que je ne le craignais. Voilà que la température s'en mêle et, par cette chaleur flambante, j'ai beau m'isoler derrière les persiennes closes, dans le clair-obscur des vastes pièces fraîches, c'est le décor poudreux et ensoleillé des bords de la Seine, où je la rencontrai il y a deux ans, qui s'impose despotiquement à ma mémoire.

Oh ! ce paysage torride et souffreteux de banlieue, avec ses arbres grêles et ses cheminées d'usine verticales sur l'horizon, était-il cette année assez en harmonie avec mon atonie et veule détresse d'âme !

[…]

Oh ! cette première rencontre sur le chemin de halage entre Achères et Poissy, les luisances de miroir de la Seine, comme en fusion, sous les arches cintrées du vieux pont et les hautes futaies des coteaux de Villennes aux frondaisons dormantes se détachant en clair sur un ciel bas et jaune, où flottait ce soir-là je ne sais quel accablant malaise, quelle atmosphère d'orage ; et là, parmi les hautes herbes de la berge, les maigres reines-des-prés et les bouillons, la silhouette de l'inconnue, un peu raide dans sa robe de toile violâtre, l'ombrelle rouge à pois blancs appuyée sur l'épaule et la tête invisible, engloutie sous le tulle froncé de la capeline anglaise...!

[…]

Le soir tombait, soulignant d'un trait rouge les lointains coteaux de Triel, et dans l'île de pêcheurs, où nous étions venus dîner en tête-à-tête, relativement sûrs de ne rencontrer en semaine âme qui vive dans ce restaurant de canotiers, de vastes pelouses de folle-avoine ondulaient devant nous, pareilles à des vagues avec, au bord des berges, des frissons argentés de roseaux et de saules.

Du côté de Migneaux, un grand rideau de peupliers, de ces peupliers d'Italie au feuillage éternellement inquiet, jalonnait ses hautes quenouilles à la fois grises et vertes sur la profondeur orangée du ciel ; au loin, de l'eau luisait.

C'était comme un soir des temps antiques, un soir de légende ou d'idylle, comme en ont noté dans d'impérissables rythmes des poètes amoureux inspirés de jadis ; une fraîcheur montait des berges en même temps qu'un vent léger s'élevait dans les feuilles et, délicieusement ému, je gardais le silence, les yeux attachés sur les siens, comprenant que l'instant que nous vivions était irréparable, unique et que la fuite de l'heure n'en amènerait jamais plus le retour.

[…]

Il s'était emparé de mes deux mains et les pétrissait à me faire mal, avec des yeux devenus tout pâles, des yeux aux prunelles coulées dans les coins des paupières demi-closes et mettant dans leurs fentes comme une lueur d'acier.

— « Si tu savais comme il faisait beau, cette nuit-là, et la magie du clair de lune sur les grands arbres ensommeillés du parc, les bouquets se tassant en grandes masses d'ombre sur un ciel d'une pureté de nacre avec, au loin, les luisances de la Seine serpentant dans les prés.

« Oh ! la bonne humidité qui montait des berges et sous nos fenêtres, comme la respiration même du parc, cette entêtante odeur de foin fauché ! L'avons-nous regardé longtemps, cette nuit-là, tous les deux debout à la croisée ouverte, ce vieux parc de Villennes aux pelouses d'avoines si doucement clair-de-lunées ! [...] »

29. SOURYA (pseud. de J.-H. ROSNY AÎNÉ)
LA SEINE

« La Seine », revue *Le Bambou*, 1893

La Seine[*]

Maîtres Vénérables, voici venir le temps où je m'en vais méditant vers le fleuve, soit que je périgrine à loisir au long de ses rives, soit qu'un steamboat m'emporte vers la Marne ou vers Meudon et Sèvres. Peu d'heures sont douces et secourables à l'esprit comme ces vagueries. Elles laissent une si fraîche et tendre trace — elles apaisent tant de fièvres — elles ramènent une

Ainsi va le monde des quais et de la rivière, jusqu'à la tombée du crépuscule et alors c'est un spectacle sublime ! Jamais je n'oublierai certains soirs tombant sur la Seine ! Des profondeurs de l'Arc-de-l'Étoile, les flammes du déclin semblent couler jusqu'au fleuve ; l'eau se mêle aux nuages, semble changer la face du ciel. Les monuments, baignés dans les mauves et les pourpres, prennent de plus en plus une précision aiguë ; tout le couchant de Paris est une ville d'encre violette estampée sur la page cuivreuse du couchant. Au loin, s'allument les insectes de lumières, les papillons étincelants du gaz — ou encore, des sphéroïdes de lumière électrique. À mesure que le rouge meurt, que la note du gros pourpre trépasse, les lueurs humaines prennent une vie plus belle et plus personnelle, — et rien n'est doux en ce moment comme l'arrivée d'un bateau-hirondelle avec vitres allumées, avec je ne sais quel air de tendre intimité sur l'eau blêmissante !... Cependant, si vous vous êtes retourné vers la Cité, vers Notre-Dame, le contre-crépuscule n'est pas moins délicieux. Partout, comme des rubis, des cuivres, des escarboucles, les vitres se sont enflammées, elles jettent des lueurs de brasiers, des feux de féerie, des guirlandes d'étincelles. L'eau, flamboyante vers le couchant, est ici douce et presque sans éclat, comme de l'étain dépoli, tandis que les crêtes, les tours séculaires, les flèches, les dômes, la Sainte-Chapelle, Notre-Dame, l'Hôtel-de-Ville, le Châtelet, s'affaissent adorablement dans les ténèbres, s'éteignent dans la langueur céleste, disparaissent doucement à l'œil comme de grandes nuées sombres.

Quand la nuit est toute venue, l'image tremblante des ponts creuse dans l'eau des palais de feu, de longues salles de colonnades lumineuses, de fines galeries nébuleuses, des grottes phosphorescentes où l'on croit voir se glisser des ombres et valser des naïades. Les petites barques à l'ancre semblent alors pleines de secrets délicieux, de promesses de bonheur, de rêves de sages — une petite fenêtre allumée au flanc d'un bateau-sabot peint l'image de la félicité la plus parfaite en ce monde, de l'intimité la plus tendre et la plus sûre, mélange subtil de vie errante et de repos, de voyage lent et de foyer discret.

30. GUSTAVE COQUIOT
« LA SEINE »

La Seine, 1894

La Seine est un long ruban qui se déroule de troquets à troquets, en passant devant des Palais Nationaux et des façades bêtes.

La Seine pérégrine lentement dès son entrée dans Paris. Elle n'en finit plus d'aller, très lasse, au pied de cette vision des cabarets borgnes, ressouvenirs des chemins de halage, naguère.

En ce coin affirmé de province, ce coin assoupi des jours sous le plein soleil, les berges cuites, plus rien ne demeure, ne va et vient au long des usines et des baraquements, tout endormi dans les troquets hermétiquement clos. À peine un chien qui rôde et tous les dix pas se couche. Les pleins midis vident les berges : et l'odeur chaude de la Seine monte, — l'exhalaison seule d'une tisane qui fume, — de friselis mort, figée et luisante.

[…]

Parfois, le fleuve a l'air de vouloir ambuler un peu plus vite. Puis il reprend son courant bonhomme, insensible à l'œil, d'une eau qui semble plutôt danser sur place, piétiner en facettes de lumière, et laver à grands pans de flux et de reflux le tartre et la chevelure des pierres.

Les péniches l'oppriment, il est vrai ; et aussi les bateaux-lavoirs, et également l'été, les écoles de natation, — 30 c. cabine comprise. Il ne se dégage un peu qu'au pont d'Austerlitz, où apparaît alors vraiment l'entrée de Paris ; — d'une ville maritime, croit-on, avec la Seine très large, ses bateaux et ses marchés ; un tas de maisons à droite ; — une allée d'arbres tout le long à gauche ; Notre-Dame prédominante, le Panthéon et du ciel, toujours du ciel.

[...]

Elle se resserre encore, la Seine, dépassé le pont de l'Archevêché. Elle passe très étroite devant Notre-Dame en arrêt, sur ses pattes appuyée ; et ce n'est plus de l'eau qui coule, mais l'excrémat de toutes les gadoues des berges.

C'est alors un fleuve las qui passe, un fleuve pesamment chargé des fientes d'un quartier à l'agonie ; un fleuve morne, où s'étirent on ne sait quels filaments d'herbes et de cadavres. Eau verte qui suinte la fièvre, eau de sueur des hôpitaux de naguère, moribonde de toujours. Fleuve charogne sur lequel se penche la misère du vieil Hôtel-Dieu, l'antique hôpital qui demeure avec ses moisissures et ses lèpres.

[...]

Et la Seine flue le long de ce quai d'usines, avec en face Passy derrière des arbres, de monotone aspect, — d'intérêt seulement avec les débardeurs du sable, avec encore l'allée des Cygnes, cette jetée des soirs, où les couples, en pente, écoutent la course de l'eau.

Baraquements et usines qui continuent, s'espacent, alternent avec des carrés de verdure tenace, broutés par des chèvres sans chair, où se rouillent les déchets du fer, — à la pluie ; — où se fendent, au soleil, d'antiques coches, des choses sans apparence, des paires de roues et des cuves, — des larges cuves, telles qu'on en voit sur la Bièvre où mijotent les cuirs.

Mais ce n'est pas encore toute la Seine et tout Paris. D'autres aspects la révèlent diverse dans un Paris divers, par delà sa ceinture de ville grosse.

Au Point-du-Jour la Seine accélère sa course aux flons-flons des concerts en plein vent [...].

Paysages de Seine, dont c'est tout l'exquis ces restaurants-terrasses où s'accrochent les glycines, — exhaussés sur des bois peints en vert, un vert unique, très rare, d'admirable couleur ; — où s'attardent les repas, les repas arrosés du vin d'ici, du picolo qui tache les serviettes comme du carmin. Factice et fausse campagne, nature au bord de Paris, où s'érigent un ou deux restaurants plus riches : *À la Pêche miraculeuse — Hallope —* tel, ce nom de poète grec !

En semaine, l'été, l'eau va placide, et les restaurants bâillent au soleil, endormis. La campagne s'assoupit ; — à peine parfois un cri des blanchisseuses qui lavent leur linge au fleuve ; les genoux dans des boîtes ; —à peine, de temps à autre, l'aboiement d'un chien, — comme à la campagne.

31.   ALPHONSE ALLAIS
« LÉGÈRE MODIFICATION À APPORTER DANS LE COURS DE LA SEINE »

Pour cause de fin de bail, 1899

LÉGÈRE MODIFICATION À APPORTER DANS LE COURS DE LA SEINE

L'hygiène de notre capitale au cours des hautes températures, provoquées par l'été, est, au dire des meilleurs connaisseurs, déplorable en tous points, déplorable, déplorable…

Un des facteurs les plus importants de cet affligeant état de choses consiste en la traversée de Paris par la Seine (la *malseine*, comme dit notre vaillant maître Aurélien Scholl).

Contaminée par les égouts, dès son entrée dans Paris, la rivière charrie les miasmes les plus putrides, les brouillards les plus pernicieux avec, brochant sur le tout, un petit fumet de bouillon de culture peu piqué des hannetons.

Il y a longtemps que j'ai proposé la suppression radicale de cet inconvénient, et combien simple !

1° Établir à Charenton un barrage qui prohibe à la Seine son entrée dans Paris ;

2° Diviser le fleuve en deux courants qu'on canalisera dans les fossés des fortifications (élargis au besoin) ;

3° Réunir au Point-du-Jour ces deux courants qui, à partir de ce moment, reprendront en commun leur ancien cours.

Les avantages que présenterait la réalisation de ce projet sont innombrables et, peut-être même, incalculables.

D'abord, assainissement de Paris.

Ensuite, importance énorme et plus-value données à toute cette zone inutile, ridicule et périphérique qui enserre les fortifs.

Et puis (c'est là le clou charmant de l'entreprise), quel parc miraculeux, unique au monde, ce serait pour Paris que celui qu'on pourrait ainsi créer dans le lit abandonné de la Seine, depuis Charenton jusqu'à Auteuil !

Sans compter qu'en cas de siège, ce parc servirait à la culture de mille céréales et autres légumes nutritifs, ainsi qu'à la pâture de toutes sortes de bestiaux alimentaires.

Je vous entends d'ici, les gros malins, ricaner et me foudroyer de votre objection :

— Et les égouts ? Les ferez-vous couler dans votre magnifique parc, cher monsieur Allais ? Eh bien, alors, il sera chouette, votre magnifique parc, et parfumé !

Calmez-vous, bonnes gens, calmez-vous.

Rien de ce qui est humain ne saurait me demeurer étranger, même la question des égouts.

Loin d'être une nuisance, les égouts de Paris, dans mon nouveau projet, joueront un rôle décoratif, d'agrément et de charme.

Connaissez-vous ces filtres au charbon qui transforment le barbotage le plus nauséeux en onde cristalline ?

Voilà ce que j'utiliserai (en plus grand, naturellement).

Je filtrerai les égouts et j'amènerai l'eau claire ainsi obtenue dans de gracieux ruisselets au doux murmure, émaillés de coquettes rocailles.

Si ces messieurs des ponts et chaussées veulent se mettre, dès lundi prochain, à l'ouvrage, le travail pourra se trouver terminé au jour de l'ouverture de l'Exposition, en 1900.

Oui, mais voilà, la routine, les bureaux !...

Un pêcheur vint qui ne prenait pas de poisson.

La Seine monta, le pêcheur espéra.

Mais la Seine ne tarda pas à prendre le dessus; il préféra mourir que de s'avouer vaincu.

Quand la Seine redescendit, voilà ce que l'on retrouva. Les poissons avaient mangé le reste.

32.   GABRIEL HANOTAUX
« LA SEINE ET LES QUAIS EN 1900 »

La Seine et les quais, promenades d'un bibliophile, 1901
(Frontispice de Robida)

Elle coule, rapide et pressée, dans son étroit canal de pierre ; ses berges sont âpres comme des fortifications et ses quais rudes comme des bastions. Entre l'eau et la terre, il n'y a pas de contact. Des escaliers en casse-cou conduisent aux bateaux-pontons mesquins et délabrés, qui geignent sur leurs amarres. Et les autres bateaux, ceux qui « vont sur l'eau », tiennent le courant et fuient les bords dont ils appréhendent la caresse de granit. Les deux quais droits compriment la nymphe fluide qui passe en pleurant sous les ponts. Ils la tiennent garrottée, les menottes au poignet, comme des agents parallèles qui mèneraient au poste une cliente en larmes, de Monsieur le préfet de police.

Aussi la Seine triste, fait, trop souvent, au milieu du riant Paris, une assez triste figure. Elle ne s'anime guère que le matin, quand l'aurore, se levant au-dessus de Notre-Dame, couvre ses eaux d'une soudaine et rapide jonchée de roses, et le soir, quand le soleil couchant jette, avant de partir, les dernières poignées de pivoines, de tulipes multicolores et d'anémones.

Parmi les Parisiens, quels sont ceux qui fréquentent la Seine ? Bien peu. Les bons savants ou les braves potaches, la tête penchée sur les boîtes, le dos rôti au soleil ; les employés hâtifs qui tâchent de rattraper, au rapide passage des ponts, le retard journalier de la paresse matinale ; les pêcheurs à la ligne, corporation réputée pour sa philosophie résignée, et toute révérence gardée les chiens qu'on mène au bord de l'eau pour qu'ils soient déshabillés en lions.

Le quai est trop haut et la rivière est trop loin. Entre elle et le passant aucune familiarité. Pourtant, il n'en fut pas de même, toujours. [...]

Justement, voici maintenant que la Seine s'est purifiée. Le tout-à-l'égout clarifie ses eaux. Regardez-la.

Elle coule presque transparente, comme si elle voulait se faire belle pour l'heure où l'attention revient vers elle. On dirait que, parmi ses eaux plus claires, on voit reparaître et glisser, peureuse, la « Naïade aux yeux verts » que chantaient encore les contemporains de Louis XIV. [...]

Ne pourrait-on pas disposer quelques escaliers élégants donnant accès à la berge ? Sur la berge, ne pourrait-on pas, sans nuire à la batellerie et au commerce, disposer des gazons, des jardins ? Parmi ces jardins, ne pourrait-on pas laisser s'établir des restaurants, des guinguettes, des cafés, des bancs commodes, où le Parisien qui ne peut s'échapper, le soir ou le dimanche, viendrait du moins prendre le frais, côté nord en été, et lézarder au soleil, côté sud, quand les froids commencent à piquer ?

La Seine quitte les coteaux riants de la Bourgogne. Elle se hâte vers les verdures de la Normandie. Elle traverse Paris, « la grand' ville ». Qu'y voit-elle ? Des murs ! Elle halète sous le poids des bateaux qui filent, et, vite dégoûtée, s'enfuit.

Parisiens, pourquoi ne descendez-vous pas vers elle ? La nature vous l'a donnée. Gardez-la, ou du moins regardez-la. Faites-lui la compagnie. Vivez plus près d'elle. Arrangez, pour elle, un lit de verdure. Laissez-la prendre ses aises. Adoucissez-lui le chemin. Attardez-vous près d'elle et retardez-la parmi vous ; et, puisque le temps n'est plus de ces « prés fleuris » dont parlait Madame Deshoulières, rendez-lui, du moins, l'illusion des fleurs.

33. GEORGES CAIN
« Sous la Seine »

Promenades dans Paris, 1906

Il est neuf heures, un radieux soleil dore Paris ; sur le quai aux Fleurs, où c'est jour de marché, à quelques mètres du Palais de Justice, derrière la vilaine bâtisse du Tribunal de Commerce, les campagnardes expulsées des kiosques par les travaux de construction du Métro, ont déposé leurs bourriches fleuries le long des trottoirs. Les géraniums rouges, roses, pourprés, les calcéolaires, les héliotropes, les hortensias, les flochs, les pétunias, les résédas et les jasmins, tassés au hasard, composent le plus fulgurant, le plus admirable, le plus imprévu des tapis d'Orient, qui s'étale devant une barrière de planches grises, l'entrée d'un chantier en pleine activité. C'est la future station de la Cité, d'où partira le tube qui, passant sous la Seine à 25 mètres de profondeur, reliera la rive droite à la rive gauche. Descendons un glissant escalier de bois plus raide qu'une échelle de meunier, nous voici sur la berge du fleuve.

Un étonnant et imprévu spectacle se déroule devant nous qui rappelle certaines gravures japonaises où le grand artiste Hokousaï a représenté en d'étranges décors « les cent vues de Fouziyama », la montagne sans pareille de Yedo. À travers une forêt de poutres sombres, croisées, arc-boutées, formidables, dans le jour clair, limpide et bleu, passent en un frémissement léger, des barques, des chalands, des remorqueurs, des bateaux-mouches ; au loin la Renommée de la place du Châtelet met une étincelle d'or sur la masse verte des arbres, et dans le ciel se découpe un immense Paris mauve que domine la majestueuse silhouette de la tour Saint-Jacques. Au premier plan émergent de larges tuyaux rouges à demi engagés dans l'eau, ce sont les cheminées d'aération et de descente nécessaires aux ouvriers qui travaillent sous la Seine ; à travers les remblais humides, des gouttes d'eau sale pleuvent sur nos têtes, et cependant nous restons là, admiratifs, comme rivés à ce sol fangeux.

Nos pieds posent sur des planches gluantes de boue, à travers leurs interstices on aperçoit la Seine que l'on entend couler, rapide et tumultueuse.

[…] Nous sommes sous la Seine, nos pieds se posent sur le lit même du vieux fleuve. Quelle émotion ! Au loin s'enfonce une galerie très longue et très basse qu'éclairent des dizaines d'ampoules électriques ; la tête des ouvriers touche presque au plafond de fer où sont pendus des vêtements, des paquets, des gourdes, des sacs. Le sol du fleuve est jonché de sable, de cailloux, de débris de bois, de blocs de pierre ; on patauge dans des tas de graviers et des flaques d'eau.

Une équipe de cinquante ouvriers terrassiers le torse nu — ou à peu près, — bottés jusqu'à mi-cuisse, travaille calmement dans le ronflement continu des puissants moteurs d'air comprimé qui à droite et à gauche refoulent l'eau du fleuve sous les couteaux terminant la chambre de travail et s'engageant chaque jour plus profondément dans le lit de la Seine.

Quelques ouvriers cassent à coups de masse des pierres, entassées ensuite dans des bennes qui, une fois remplies, disparaissent dans le plafond d'acier ; d'autres dégagent des troncs d'arbres, des ferrailles ou dépècent d'étranges carcasses de bois noir, aux formes bizarres, — nous sommes sur le lieu d'échouage d'un bateau de charbon — ; beaucoup, plongés dans l'eau jusqu'aux genoux, extraient le sable à grands coups de pelle et creusent le sol du fleuve. Couché sur un tas de gravier je regarde et j'admire ce prodigieux spectacle.

[...] C'est une inoubliable vision ; toutefois je n'oserais conseiller semblable excursion à nos aimables lectrices, et pour d'élégantes Parisiennes mieux valent les promenades dans Paris que les promenades sous Paris.

(28 Juin 1906)

34. ANNA DE NOAILLES
« LES BORDS DE LA SEINE »

Les Éblouissements, 1907

LES BORDS DE LA SEINE

Calme matin de mai, détendu dans la joie !
Le jour est vert et bleu par l'arbre et par le ciel,
Le pré délicieux fait lui-même son miel,
Tout l'univers s'élance et c'est l'azur qui ploie…

La Seine illustre coule, eau douce qui sourit
Par tous ses lents frissons charmants comme des lèvres,
Eau qui tend un miroir aux collines de Sèvres
Et baigne mollement Saint-Cloud près de Paris.

Ah ! que le jour est beau ! Je crois que je peux prendre
Tout ce bonheur sur moi d'un geste immense et rond.
Comme le jour est doux ! Et l'odeur du goudron
Luit comme une aile noire au-dessus du flot tendre…

35.   ANDRÉ MARY
« ODE À LA SEINE »

Le Cantique de la Seine, 1911

[…]

Mais je veux honorer le beau fleuve gaulois,
La douce et claire Seine
Qui seule sait parler à mon cœur d'une voix
Divinement humaine ;

Que ce soit au printemps, aux portes de Paris,
Où la Marne tardive
Te rejoint au milieu des cent vergers fleuris
Qui parfument ta rive ;

Que ce soit sur ces quais vénérés où je peux,
Quand le soir me délivre,
Flâner loin des tracas, près des palais pompeux,
Le front sur quelque livre ;

Où monté sur le pont de tes légers bateaux,
Quand l'air se rassérène
Et qu'il fait bon de loin contempler les coteaux
De Sèvre et de Suresne ;

Ou bien encor dans la cité du vieux Rollon,
          Du haut de la falaise
D'où l'on vit les Vikings pousser sous l'aquilon
          Leurs barques de mélèze ;

Je te retrouve, ô Seine, et chacun de tes flots
          Me reflète un visage
Cher à mon coeur, me peint la prairie et le clos
          Et m'apporte un message ;

Et j'admire comment, fille du chevrier
          Et de la bûcheronne,
Tu sus au blanc troëne unir le vert laurier
          Pour former ta couronne,

Captiver sûrement le coeur des grands, pour prix
          De ton simple sourire,
Et te faire sacrer princesse de Paris
          Et reine de la Lyre ;

Toi qui, dans le ravin défoncé des charrois,
          Dormais sur les fougères,
Tu vas ressuscitant l'âge heureux où les rois
          Épousaient les bergères.

Que sied bien à ton front gracieux et savant
          Le bandeau que tu portes !
Quelle est ta majesté quand tu passes devant
          Ces palais et ces portes,

Que dressa sur ta route un peuple aimé des dieux,
          Dans sa reconnaissance
Voulant te témoigner et son amour pieux
          Et sa magnificence.

Mais te dirai-je, ô claire enfant de la forêt,
          Douce bohémienne,
Si ta gloire me flatte, amie, et m'apparaît
          Un peu comme la mienne,

Rien ne me charme autant que de me rappeler
            Ta cotte dégrafée,
Ton bras frais, tes yeux bleus et ton naïf parler
            De paysanne-fée ;

L'aimable pays vert où tu fis follement
            L'école buissonnière
À travers pont de planche, écluse, empellement,
            Lavoir et cressonnière.

Promenades qu'égaient tour à tour le criquet
            Et la bergeronnette,
Le tic-tac du moulin avec le frais caquet
            Du battoir de Jeannette.

Vous l'ignorez, enfants de la grande cité,
            La rivière mignarde
Où du matin au soir le bleu ciel argenté
            S'admire et se regarde.

            [...]

Et maintenant je dis : « Lorsque colonne et tour,
            O Louvre, ô Notre-Dame,
« Auront profondément imprimé tour à tour
            Leur image en mon âme,

« Et que mon cœur fera dans l'ardeur de ses bonds
            Cette belle musique
« Que fait l'onde brisée aux piles de tes ponts,
            O fleuve magnifique,

« Je te suivrai joyeux, comme toi fier et fort,
            Jusqu'au bout de ta course,
« Jusque dans l'océan ténébreux de la mort
            Et fidèle à ma source. »

Armand Guillaumin
Soleil couchant à Ivry
1873
© Musée d'Orsay, Dist. RMN-Grand Palais / Patrice Schmidt

36. APOLLINAIRE
LA SEINE À AUTEUIL

1912-1918

« Le Pont Mirabeau » (1912)

[…]

Passent les jours et passent les semaines
  Ni temps passé
Ni les amours reviennent
Sous le pont Mirabeau coule la Seine

  Vienne la nuit sonne l'heure
  Les jours s'en vont je demeure

« Marie » (1912)

[...]

Je passais au bord de la Seine
Un livre ancien sous le bras
Le fleuve est pareil à ma peine
Il s'écoule et ne tarit pas
Quand donc finira la semaine

« Vendémiaire » (1912)

Un soir passant le long des quais déserts et sombres
En rentrant à Auteuil j'entendis une voix
Qui chantait gravement se taisant quelquefois
Pour que parvînt aussi sur les bords de la Seine
La plainte d'autres voix limpides et lointaines

[...]

Écoutez mes chants d'universelle ivrognerie
Et la nuit de septembre s'achevait lentement
Les feux rouges des ponts s'éteignaient dans la Seine
Les étoiles mouraient le jour naissait à peine

 (1918)

Mais descendons vers la Seine. C'est un fleuve adorable. On ne se lasse point de le regarder. Je l'ai chantée bien souvent en ses aspects diurnes et nocturnes. Après le pont Mirabeau la promenade n'attire que les poètes, les gens du quartier et les ouvriers endimanchés.

Peu de Parisiens connaissent le nouveau quai d'Auteuil. En 1909 il n'existait pas encore. Les berges aux bouges crapuleux qu'aimait Jean Lorrain ont disparu. « Grand Neptune », « Petit Neptune », guinguettes du bord de l'eau, qu'êtes-vous devenus ? Le quai s'est élevé à la hauteur du premier étage. Les rez-de-chaussée sont enterrés et l'on entre maintenant par les fenêtres.

37.   YOSANO AKIKO (1878-1942)
Poème sur la Seine

En voyage à Paris, 1912

Ô Seine, chaque fois que je te vois, — Tu es vert clair, un peu grisâtre — Comme une voile dans l'ombre, — Comme une chevelure à l'aurore d'une nuit où l'on a pleuré.

Elle, la Seine, ne pleure pas. — C'est moi qui pleure, lassée par le voyage, — Et regarde, penchée sur le pont. — Mais quoi, des larmes de rubis jaillissent. — Dans les bateaux et sur les rives, les lumières s'allument. — Oh ! oui, Seine, tu pleures aussi, tu as un cœur de femme.

[Traduit du japonais par Albert Maybon (1878 – 1940), *Mercure de France*, 15 mai 1923]

38. PAUL VALÉRY

MALLARMÉ : FENÊTRE SUR SEINE À VALVINS
1897-1912-1924

Pierre Bonnard, *Fenêtre ouverte sur la Seine* (1912).

Musée des beaux-arts Jules Chéret de Nice

« J'ai vu pour la dernière fois Stéphane Mallarmé le 14 juillet 1898 à Valvins. Le déjeuner achevé, il me conduisit à son « cabinet de travail ». Quatre pas de long, deux de large ; la fenêtre ouverte à la Seine et à la forêt au travers d'un feuillage tout déchiré de lumière, et les moindres frémissements de la rivière éblouissante faiblement redits par les murs. » (*Fragments sur Mallarmé, 1924*)

« Valvins »

Si tu veux dénouer la forêt qui t'aère
Heureuse, tu te fonds aux feuilles, si tu es
Dans la fluide yole à jamais littéraire,
Traînant quelques soleils ardemment situés

Aux blancheurs de son flanc que la Seine caresse
Émue, ou pressentant l'après-midi chanté,
Selon que le grand bois trempe une longue tresse,
Et mélange ta voile au meilleur de l'été.

Mais toujours près de toi que le silence livre
Aux cris multipliés de tout le brut azur,
L'ombre de quelque page éparse d'aucun livre

Tremble, reflet de voile vagabonde sur
La poudreuse peau de la rivière verte
Parmi le long regard de la Seine entr'ouverte.

Album de vers anciens, 1897

39. MAURICE MAGRE
« COMPLAINTE DE LA SEINE »

Les Belles de nuit, 1913

Au fond de la Seine, il y a de l'or,
Des bateaux rouillés, des bijoux, des armes…
Au fond de la Seine, il y a des morts…
Au fond de la Seine, il y a des larmes…

Au fond de la Seine, il y a des fleurs ;
De vase et de boue elles sont nourries…
Au fond de la Seine, il y a des cœurs
Qui souffrirent trop pour vivre la vie…

Et puis les cailloux et des bêtes grises…
L'âme des égouts soufflant des poisons…
Les anneaux jetés par des incomprises…
Des pieds qu'une hélice a coupés du tronc…

Et le fruit maudit des ventres stériles,
Les blancs avortés que nulle n'aima…
Les vomissements de la grande ville…
Au fond de la Seine il y a cela…

Mais le batelier ramasseur d'ordures
Penché sur l'avant d'un ponton désert,
Ne dira jamais les formes impures
Que heurta, le soir son crochet de fer.

— Ô Seine clémente où vont les cadavres,
Ô lit dont les draps sont faits de limon,
Fleuve des déchets, sans fanal ni havre,
Chanteuse berçant la morgue et les ponts,

Rouleuse au sein vert des faces gonflées
Et des maigres corps mangés des poissons,
Reine de misère, âme désolée,
Suaire d'amour, robe de pardon.

Accueille le pauvre, accueille la femme
Accueille l'ivrogne, accueille le fou,
Mêle leurs sanglots au bruit de tes lames
Et porte leurs cœurs parmi les cailloux…

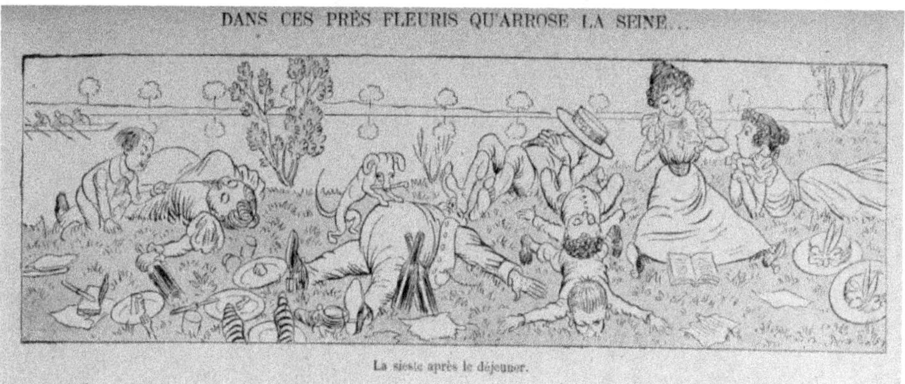

La sieste après le déjeuner.

40.   ERNEST RAYNAUD
La Seine

À l'ombre de mes dieux, 1924

LA SEINE

Loin des remous de la cohue et des bruits laids,
Je te regarde luire en ce jour de lumière,
Ô mon fleuve, ô ma Seine ! et glisser, d'une eau fière,
Dans une perspective ouverte de palais.

Chaque pont, arche souple, ébloui de reflets,
Clame un nom de victoire avec sa voix de pierre,
Tandis qu'une ombre drue, à la berge ouvrière,
Gazouille un vieux refrain rustique où je me plais.

Un renouveau d'espoirs se dénoue en volutes ;
Et, comme l'Âge d'or sommeille au cœur des flûtes,
Tout un bonheur perdu respire en ce tableau.

Ici, Paris n'est plus que joie, azur, espace,
Et pour fleurir sa gloire, il y cueille avec grâce
Tous les frissons épars du feuillage et de l'eau.

FIN